DANKSAGUNG

Dieses Buch wäre ohne die vielen wertvollen Begegnungen mit Menschen, die den Weg zu mir gefunden haben, nicht entstanden. Ich danke all meinen Paaren und Einzelklienten, die durch ihre Geschichten, Erfahrungen und Herausforderungen den Anstoß für dieses Buch gegeben haben. Ihre Offenheit und ihr Vertrauen haben es mir ermöglicht, tief in die Dynamik des Übergangs vom Paar zur Elternschaft einzutauchen und bedeutsame Einsichten zu gewinnen.

Ohne euch hätte ich weder die Idee noch die Möglichkeit gehabt, dieses Buch in seiner heutigen Form zu gestalten und für andere zugänglich zu machen. Euer Mut, eure Verbindung und eure Bereitschaft, an eurer Beziehung zu wachsen, sind eine große Inspiration – nicht nur für mich, sondern auch für all jene, die aus diesem Buch Kraft und Orientierung schöpfen werden.

Danke für euer Vertrauen, eure Geschichten und eure Bereitwilligkeit, gemeinsam neue Wege zu gehen.

Nicole Katzenschlager

DIE ART UND WEISE,
WIE WIR LIEBEN,
WIRD VON DER
ART BESTIMMT,
WIE WIR GELIEBT
WURDEN.

– Dr. Amir Levine

Nicole Katzenschlager

Vom Paar zu Eltern

Ein Beziehungsratgeber
für eine starke Partnerschaft
in der Familienzeit

tredition

www.emotions-counselor.com

Coverdesign: tredition.com
Lektorat: Lilly Dippold
Satz & Layout: W4media & event GmbH
Illustrationen: AdobeStock.com

Druck und Distribution im Auftrag der Autorin
tredition GmbH, Heinz-Beusen-Stieg 5
22926 Ahrensburg, Deutschland

ISBN
Paperback: 978-3-384-54256-4
e-Book: 978-3-384-54257-1

Inhaltsverzeichnis

VORWORT

Wenn aus einem Paar Eltern werden, beginnt eine der aufregendsten und zugleich tiefgreifendsten Phasen des Lebens. Schwangerschaft, Geburt und die ersten Jahre mit einem Kind verändern nicht nur den Alltag, sondern auch die emotionale Verbindung und das Miteinander in der Beziehung. Während einige Paare durch diese Erfahrung noch enger zusammenwachsen, empfinden andere die Veränderungen als Herausforderung.

In meiner Arbeit als diplomierte psychologische Beraterin sehe ich immer wieder, wie wichtig es ist, sich nicht nur auf das Baby, sondern auch auf die Partnerschaft vorzubereiten. Eine liebevolle, stabile und unterstützende Elternbeziehung schafft die beste Grundlage für ein sicheres und geborgenes Familienklima – eine Basis, die sowohl den Eltern als auch dem Kind Orientierung und Halt gibt.

Dieses Buch begleitet euch auf diesem Weg. Es soll euch dabei unterstützen, eure Partnerschaft bewusst zu stärken, Herausforderungen mit Zuversicht zu begegnen und eure Bindung aktiv zu gestalten. Mit Erkenntnissen aus der Bindungsforschung erhaltet ihr wertvolle Impulse, um gemeinsam zu wachsen – als Paar und als Familie.

Ich wünsche euch eine bereichernde Lektüre, wertvolle Erkenntnisse und eine wundervolle gemeinsame Reise in euer neues Leben als Eltern.

Nicole Katzenschlager

Mauritius, 2025

WARUM DIESES BUCH?

Eine starke Partnerschaft ist
das beste Geschenk,
das wir unserem Kind machen können.
– Dr. Sue Johnson

Eltern zu werden, bedeutet einen tiefgreifenden Wandel – eine Zeit voller neuer Erfahrungen, intensiver Gefühle und großer Herausforderungen (Johnson, 2019). Während viele werdende Eltern sich intensiv auf die Geburt und die ersten Wochen mit ihrem Baby vorbereiten, bleibt die Auseinandersetzung mit den Veränderungen in der Paarbeziehung oft im Hintergrund. Der Fokus richtet sich auf das Kind und die Partnerschaft wird vielfach zur Nebensache (Bowlby, 1988). Doch genau hier liegt eine der zentralen Herausforderungen: Wie kann es gelingen, als Paar verbunden zu bleiben, wenn das gemeinsame Leben von Grund auf neu gestaltet wird?

Die meisten Eltern durchlaufen nach der Geburt eine Phase bedeutender Veränderungen. Neben Schlafmangel, neuen Verantwortlichkeiten und der Umverteilung von Aufgaben treten oft emotionale Spannungen auf (Cassidy & Shaver, 2016). Unausgesprochene Erwartungen, verinnerlichte Bindungsmuster und der Druck, allen Anforderungen gerecht zu werden, können die Beziehung belasten (Siegel, 2020).

Wie fordernd dieser Übergang sein kann, zeigt auch ein Blick auf aktuelle Zahlen: In Deutschland waren 2023 rund 50,8 Prozent aller geschiedenen Paare Eltern minderjähriger Kinder – insgesamt etwa 65.600 Ehepaare. Das bedeutet, dass mehr als jede zweite Trennung Familien mit Kindern betrifft (Statista, 2023). Unverheiratete Paare, die sich trennen, sind hier noch nicht berücksichtigt. Besonders in den ersten drei bis fünf Jahren nach der Geburt kommt es häufig zu Trennungen, da diese Phase emotional wie organisatorisch besonders herausfordernd ist.

Der Übergang zur Elternschaft stellt eine der größten Belastungsproben für Beziehungen dar. Studien zeigen, dass viele Paare in dieser Zeit mit erheblichen Stressfaktoren konfrontiert sind, die das Trennungsrisiko erhöhen können:

<u>Ungleichgewicht in der Aufgabenverteilung:</u>
Nach der Geburt eines Kindes übernehmen Frauen häufig einen größeren Anteil der Haus- und Betreuungsarbeit, während Männer vermehrt erwerbstätig bleiben. Dieses Ungleichgewicht kann zu Unzufriedenheit und Konflikten führen.

Finanzielle Belastungen:
Ein reduziertes Einkommen durch Elternzeit oder Teilzeitbeschäftigung kann finanziellen Druck erzeugen, der die Partnerschaft belastet.

Kommunikationsprobleme:
Stress und Erschöpfung können die Kommunikation beeinträchtigen, was zu Missverständnissen und Konflikten führt.

Fehlende Unterstützung:
Ein mangelndes soziales Netzwerk oder unzureichende Betreuungsmöglichkeiten erschweren die Vereinbarkeit von Familie und Beruf, was zusätzlichen Druck erzeugt.

Individuelle Bindungserfahrungen:
Personen aus Familien mit Scheidungserfahrung haben ein erhöhtes Risiko, selbst eine Trennung zu erleben.

Vorbestehende Konflikte:
Bereits bestehende Partnerschaftsprobleme können sich nach der Geburt verstärken und das Trennungsrisiko erhöhen (Springer Link).

Doch es gibt auch gute Nachrichten:
Beziehungen sind gestaltbar. Die Herausforderungen der Elternschaft müssen nicht automatisch zu einer Krise führen. Vielmehr können Paare durch bewusste Reflexion, gezielte Kommunikation und emotionale Verbindung aktiv daran arbeiten, ihre Partnerschaft zu stärken.

Dieses Buch soll euch helfen, diesen Übergang bewusst zu gestalten. Es basiert auf wissenschaftlich fundierten Erkenntnissen aus der Bindungsforschung sowie auf meiner Erfahrung in der emotionsfokussierten Paar-, Einzel- und Familientherapie. Ziel ist es, euch nicht nur mit Wissen, sondern auch mit praktischen Übungen, Reflexionsfragen und Selbsttests zu begleiten, sodass ihr als Paar nicht nur Eltern werdet, sondern auch eure Liebe stärkt.

Wie ihr dieses Buch am besten nutzt und euch die praktischen Übungen unterstützen

Dieses Buch ist als Begleiter für euch als werdende Eltern gedacht – es soll euch nicht nur theoretisches Wissen über Bindung und Partnerschaft vermitteln, sondern euch auch dabei helfen, eure eigene Beziehung aktiv zu reflektieren und zu stärken (Siegel & Bryson, 2018).

Damit ihr den größtmöglichen Nutzen daraus ziehen könnt, ist das Buch so aufgebaut, dass ihr es entweder von vorne bis hinten durchlesen oder gezielt einzelne Kapitel nach Bedarf nutzen könnt.

Reflexionsfragen zur Vertiefung
Am Ende vieler Abschnitte findet ihr Reflexionsfragen, die euch dazu einladen, eure eigenen Erfahrungen, Gefühle und Gedanken zu hinterfragen (Johnson, 2023). Diese Fragen könnt ihr für euch selbst beantworten oder mit eurem Partner besprechen, um neue Einsichten zu gewinnen.

Praktische Übungen für den Alltag

Jedes Kapitel enthält praktische Übungen, die euch helfen, eure Beziehung bewusst zu stärken. Manche Übungen könnt ihr allein machen, andere als Paar gemeinsam. Die Übungen sind darauf ausgerichtet, eure Kommunikation zu verbessern, eure emotionale Verbindung zu vertiefen und eure eigene Bindungsgeschichte besser zu verstehen (Siegel, 2020).

Selbsttests zur Selbsterkenntnis

Im Buch gibt es verschiedene Selbsttests, mit denen ihr eure individuellen Bindungsmuster erkennen könnt. Diese Tests sind eine wertvolle Hilfe, um zu verstehen, wie eure Vergangenheit eure aktuelle Beziehung beeinflusst und welche Stärken ihr als Paar mitbringt (Mikulincer & Shaver, 2016).

Praxisfälle zur Veranschaulichung

Zusätzlich zu den theoretischen Konzepten und Übungen enthält dieses Buch Praxisbeispiele aus dem Alltag von Paaren. Diese Geschichten zeigen authentische Herausforderungen und Lösungswege und helfen euch, euch in bestimmten Situationen wiederzuerkennen. Sie dienen nicht nur als Inspiration, sondern machen deutlich, wie Bindungsmuster, Stressreaktionen und Kommunikationsstrategien in echten Beziehungen wirken – und wie man sie bewusst verändern kann.

So integriert ihr dieses Buch in euren Alltag

Nehmt euch regelmäßig Zeit – selbst wenn es nur zehn bis 15 Minuten sind, hilft eine bewusste Auseinandersetzung mit den Inhalten, um als Paar zu wachsen (Johnson, 2019).

Sprecht über eure Erkenntnisse – nutzt die Reflexionsfragen und Übungen, um euch als Paar besser zu verstehen (Siegel, 2020).

Ob ihr das Buch vor der Geburt oder in den ersten Jahren mit eurem Kind lest – es soll euch als Orientierung dienen, um den Übergang in die Elternschaft nicht nur zu meistern, sondern bewusst zu gestalten (Johnson, 2023).

Reflexionsfrage

„Welche Erwartungen haben wir an unsere Elternschaft und wie können wir sie gemeinsam gestalten?"

Die emotionale Herausforderung des Übergangs von Paar zu Eltern

Der Übergang vom Paar zur Elternschaft ist eine der bedeutendsten Veränderungen im Leben. Er bringt Freude, Liebe und Verbundenheit mit sich – aber auch neue Herausforderungen, die die Beziehung auf die Probe stellen können (Cassidy & Shaver, 2016). Viele Paare stellen fest, dass sich ihre Dynamik verändert, sobald das Baby da ist. Plötzlich stehen nicht mehr sie als Paar im Mittelpunkt, sondern das Kind wird zur obersten Priorität – und das oft für mehrere Jahre.

Was früher selbstverständlich war – gemeinsame Zeit, spontane Unternehmungen, tiefe Gespräche – wird plötzlich von Schlafmangel, Stillzeiten, Wickelroutinen und organisatorischen Herausforderungen überschattet. Während einige Paare sich schnell in ihre neue Rolle einfinden, fühlen sich andere zunehmend entfremdet und verlieren den emotionalen Kontakt zueinander.

Veränderungen in der Kommunikation

In den ersten Monaten nach der Geburt drehen sich Gespräche oft um pragmatische Dinge: Wer steht nachts auf? Wer besorgt Windeln? Wer kümmert sich um den Haushalt? Emotionale Themen treten dabei oft in den Hintergrund, da schlichtweg die Energie fehlt, um über persönliche Bedürfnisse oder Beziehungsfragen zu sprechen (Siegel, 2020).

Gleichzeitig verändert sich die Art der Kommunikation. Während sich viele Paare früher durch tiefgehende Gespräche verbunden fühlten, entstehen nun häufig Missverständnisse. Stress, Übermüdung und die ständige Verantwortung für ein kleines Wesen lassen kaum Raum für wertschätzenden Austausch.

Unausgesprochene Erwartungen oder unterschwellige Frustrationen können sich an Kleinigkeiten entladen – und plötzlich wird aus der Frage „Wer bringt den Müll raus?" ein Streit über Wertschätzung und Rollenverteilung.

Weniger gemeinsame Zeit als Paar

In einer Welt, in der das Baby alles bestimmt, bleibt die Zeit zu zweit oft auf der Strecke. Früher waren gemeinsame Abende auf dem Sofa oder intime Momente im Bett eine Selbstverständlichkeit – nun gibt es immer eine kleine Person, die Aufmerksamkeit fordert (Johnson, 2019).

Viele Eltern merken erst nach einigen Monaten, dass sie sich nicht mehr nur als Partner/-in, sondern vor allem als funktionierendes Team für das Kind erleben.

Ohne ausdrückliche Paarzeit entsteht oft das Gefühl der Entfremdung. Während der eine Partner vielleicht bewusst Zeit mit dem Kind verbringt, um nichts zu verpassen, fühlt sich der andere vernachlässigt.

Manche versuchen aus Rücksicht auf den anderen ihre eigenen Bedürfnisse zu unterdrücken, was langfristig zu Frustration und Missverständnissen führen kann.

Unterschiedliche Erwartungen an die Elternschaft

Kaum ein Paar spricht vor der Geburt intensiv über die Frage: Wie wollen wir eigentlich als Eltern sein? In der Praxis prallen dann oft unterschiedliche Werte und Erziehungsvorstellungen aufeinander (Mikulincer & Shaver, 2016).

Während ein Partner vielleicht eine enge, intensive Bindung zum Baby sucht, hält der andere es für wichtig, das Kind früh zur Unabhängigkeit zu erziehen. Themen wie „Wie lange sollte das Baby im Elternbett schlafen?", „Welche Vorstellung haben wir von Bindung und dem fürsorglichen Rahmen der Entwicklung?", oder „Wer übernimmt welche Rolle im Familienalltag?" werden oft erst nach der Geburt sichtbar. Unterschiedliche Vorstellungen können schnell zu Unsicherheiten und Konflikten führen – vor allem, wenn das Paar nicht aktiv über diese Fragen spricht.

Viele Paare bemerken erst nach der Geburt, dass sie unbewusst die Erziehungsmuster aus ihrer eigenen Kindheit übernehmen. Das kann dazu führen, dass sich einer von beiden übergangen fühlt oder den Eindruck hat, seine Werte nicht einbringen zu können.

Rollenverteilung und Mental Load

Mit der Geburt eines Kindes verändert sich die Rollenverteilung oft gravierend. Während sich ein Elternteil (häufig die Mutter) stärker um die Betreuung des Kindes kümmert, trägt der andere die finanzielle Verantwortung (Cassidy & Shaver, 2016). In vielen Fällen ist diese Aufteilung unausgesprochen und ergibt sich „einfach so" – oft auf Basis traditioneller Muster oder gesellschaftlicher Erwartungen.

Besonders Mütter, die zuvor in ihrem Beruf aufgingen, stehen vor einer emotionalen Herausforderung: Die plötzliche Umstellung von einer sinnstiftenden Arbeit auf den Alltag mit Baby kann Gefühle der Leere und des Identitätsverlusts auslösen. Viele kämpfen mit Selbstzweifeln:Warum reicht mir das Muttersein nicht? Bin ich deshalb eine schlechte Mutter?

Die Gesellschaft vermittelt oft das Bild, dass eine „gute Mutter" völlig in ihrer neuen Rolle aufgeht – doch die Realität sieht oft anders aus. Mütter, die es schaffen, eine Balance zwischen Elternschaft und Selbstverwirklichung zu finden, sind langfristig zufriedener und ausgeglichener (Slade, 2005). Väter, die sich aktiv in die Erziehung einbringen, erleben oft eine intensivere Verbindung zum Kind und eine stabilere Paarbeziehung.

Wie kann eine faire Aufgabenteilung gelingen?

Offene Kommunikation und eine faire Aufgabenverteilung sind essenziell, um Frust und Ungleichgewicht in der Beziehung zu vermeiden. Dazu gehört nicht nur die Verteilung der alltäglichen Aufgaben, sondern auch die gegenseitige Anerkennung für die unterschiedlichen Verantwortungsbereiche.

Auswirkungen auf Intimität und Sexualität

Für viele Paare fühlt sich die körperliche Nähe nach der Geburt anders an als zuvor. Erschöpfung, ein neuer Tagesrhythmus mit Baby und hormonelle Veränderungen beeinflussen das Bedürfnis nach Intimität (Dewitte, 2016). Während manche Eltern durch das Kuscheln mit ihrem Baby bereits emotional erfüllt sind, vermisst der andere die Nähe zum Partner.

Eine häufige Dynamik entsteht, wenn sich ein Elternteil (oft die Mutter) stark auf das Baby fokussiert, während der andere sich emotional ausgegrenzt fühlt. Dadurch kann körperliche Nähe nicht mehr als gemeinsamer Raum, sondern als zusätzliche Belastung empfunden werden. Gleichzeitig verändert sich die Wahrnehmung des eigenen Körpers: Mütter fühlen sich in ihrem Körper unsicher oder fremd, während Väter sich fragen, ob sie noch willkommen sind.

Doch Intimität bedeutet mehr als nur Sexualität. Berührungen, liebevolle Gesten und bewusst Momente der Nähe helfen dabei, sich wieder als Paar zu erkennen. Entscheidend ist, sich nicht unter Druck zu setzen, sondern gemeinsam neue Wege zur Verbundenheit zu finden.

Umgang mit Stress und Erschöpfung

Der Alltag mit einem Baby ist emotional und körperlich herausfordernd. Schlafmangel, mentale Überlastung und der Druck, allem gerecht zu werden, können dazu führen, dass sich Stress und Erschöpfung aufstauen (Siegel & Bryson, 2018).

Paare geraten dabei oft unbewusst in einen Kreislauf aus Stress und Missverständnissen. Während der eine sich nach Unterstützung sehnt, fühlt sich der andere möglicherweise zurückgewiesen oder überfordert. Studien zeigen, dass chronischer Stress die emotionale Verbindung zwischen Partnern schwächen kann, da der Fokus in Belastungsphasen häufig auf Problemlösung statt auf Bindung und Fürsorge gelegt wird (Schore, 2003).

Ein bewusster Umgang mit dieser Belastung ist entscheidend: Selbstfürsorge, das frühzeitige Erkennen von Überlastung und ein offener Umgang mit den eigenen Bedürfnissen helfen, gestärkt durch diese Phase zu gehen. Kommunikation, gegenseitige Wertschätzung und das Wahrnehmen der Belastungsgrenzen des anderen sind essenziell, um als Paar verbunden zu bleiben und gemeinsam Kraft zu schöpfen.

Zusammenfassung: Elternschaft als gemeinsame Herausforderung und Chance

Die Elternschaft ist eine der größten Veränderungen im Leben eines Paares. Sie erfordert Anpassung, neue Absprachen und ein bewusstes Miteinander. Wer es schafft, Herausforderungen gemeinsam zu bewältigen, offen über eigene Bedürfnisse zu sprechen und sich aktiv Zeit füreinander zu nehmen, legt den Grundstein für eine starke Partnerschaft und eine stabile liebevolle Familie.

Doch wie bleibt ihr als Paar stark?

Auch wenn diese Herausforderungen üblich und unvermeidlich sind, gibt es bewährte Wege, um sie zu meistern und als Paar sogar gestärkt aus dieser Phase hervorzugehen (Johnson, 2019). Offene Kommunikation, bewusste Paarzeit, gegenseitige Unterstützung und ein gemeinsames Verständnis für die neuen Rollen sind entscheidend, um als Team zu wachsen und eine sichere, vertrauensvolle Basis für euer Kind zu schaffen.

Reflexionsfrage

„Welche emotionalen Herausforderungen erwarten wir durch die Elternschaft und wie können wir gestärkt aus dieser Phase gehen?"

Warum Bindung der Schlüssel zu einer stabilen Elternschaft ist

Die Art und Weise, wie wir als Eltern mit unserem Kind interagieren, wird stark von unserer eigenen Bindungserfahrung geprägt (Bowlby, 1988). Bindung ist die emotionale Verbindung, die wir zu einer nahestehenden Person aufbauen – sei es zu unseren Eltern, unserem Partner oder unserem Kind.

Forschungsergebnisse aus der Entwicklungspsychologie zeigen, dass die Qualität unserer frühen Bindungserfahrungen beeinflusst, wie wir später Beziehungen gestalten, Emotionen regulieren und mit Stress umgehen (Cassidy & Shaver, 2016).

Die eigene Bindungsgeschichte als Grundlage

Unsere frühkindlichen Erfahrungen prägen unsere Erwartungen an Beziehungen und unseren Umgang mit Nähe und Distanz (Mikulincer & Shaver, 2016).

Eltern, die selbst sichere Bindungserfahrungen gemacht haben, fällt es oft leichter, ihrem Kind emotionale Sicherheit zu geben (Siegel, 2020).

Wer hingegen in seiner Kindheit unsichere oder ambivalente Bindung erlebt hat, kann in der Elternrolle mit alten Mustern und Unsicherheiten konfrontiert werden (Schore, 2003).

Die Bedeutung sicherer Bindung für das Kind

Ein Kind, das eine sichere Bindung zu seinen Eltern erlebt, entwickelt grundlegendes Vertrauen in die Welt und in sich selbst (Siegel & Bryson, 2018).

Studien zeigen, dass sicher gebundene Kinder später besser mit Emotionen umgehen, sozial kompetenter sind und belastbarer auf Stress reagieren (Cassidy & Shaver, 2016).

Eltern, die feinfühlig auf die Signale ihres Babys reagieren, fördern eine stabile emotionale Entwicklung (Johnson, 2019).

Bindungsmuster in der Partnerschaft und deren Auswirkungen auf die Elternschaft

Unsere Bindungserfahrungen beeinflussen auch, wie wir als Paar miteinander umgehen (Johnson, 2023). Paare, die in ihrer Beziehung eine sichere Bindung erleben, können besser kooperieren, Konflikte konstruktiver lösen und sich gegenseitig unterstützen (Mikulincer & Shaver, 2016).

Unsicher gebundene Partner erleben nach der Geburt des Kindes oft verstärkt Ängste oder ziehen sich emotional zurück, was zu Spannungen führen kann (Cassidy & Shaver, 2016).

Bewusst mit eigenen Bindungsmustern umgehen

Die Auseinandersetzung mit der eigenen Bindungsgeschichte kann helfen, unbewusste Muster zu erkennen und zu durchbrechen (Siegel, 2020).

Emotionsfokussierte Paartherapie (EFCT) oder bindungsorientierte Beratung können Eltern dabei unterstützen, ihre Beziehung zu stabilisieren und sich als Team zu stärken (Johnson, 2019).

Wer sich bewusst mit seiner eigenen Bindung auseinandersetzt, kann lernen, bewusster und liebevoller auf die Bedürfnisse des Kindes einzugehen (Schore, 2003).

Gemeinsam eine sichere Basis schaffen!
Bindung ist kein starrer Zustand, sondern ein dynamischer Prozess, der sich durch bewusste Interaktion und Reflexion verändern kann (Porges, 2011). Elternschaft bietet eine wertvolle Chance, sich selbst und die eigene Beziehung weiterzuentwickeln. Ein sicheres, unterstützendes Umfeld in der Partnerschaft ist der Schlüssel, um dem Kind emotionale Stabilität zu vermitteln und als Familie zu wachsen (Johnson, 2019).

Reflexionsfrage

„Wie haben unsere eigenen Bindungserfahrungen unsere Erwartungen an die Elternschaft geprägt und was möchten wir unserem Kind mitgeben?"

Emotionale Sicherheit in der Elternschaft

Bindung als Schlüssel zur stabilen Partnerschaft

Der Übergang zur Elternschaft stellt Paare nicht nur vor organisatorische, sondern auch vor tiefgreifende emotionale Herausforderungen. In dieser Phase ist es besonders wichtig, die eigene Beziehung bewusst zu gestalten und eine Atmosphäre der emotionalen Sicherheit aufrechtzuerhalten. Forschungen aus der Bindungs- und Emotionsforschung zeigen, dass stabile, unterstützende Beziehungen nicht nur die Paarbindung stärken, sondern auch für eine gesunde Eltern-Kind-Dynamik entscheidend sind.

Die Geburt eines Kindes verändert die Beziehungsdynamik in einer Partnerschaft. Während in der Zeit vor der Elternschaft die emotionale Zuwendung vor allem zwischen den Partnern stattfand, richtet sich nun ein erheblicher Teil dieser Zuwendung auf das Kind. Dieser Wandel kann in der Beziehung Unsicherheit auslösen, weil sich emotionale Bedürfnisse verschieben. Viele Eltern empfinden die Veränderungen als natürliche Anpassung, während andere spüren, dass sich emotionale Distanz einschleicht. Besonders in stressreichen Phasen kann es passieren, dass Partner sich weniger gesehen oder weniger wertgeschätzt fühlen.

Studien belegen, dass viele Konflikte in Beziehungen nicht allein durch äußere Faktoren entstehen, sondern durch das tief verwurzelte Bedürfnis nach Nähe, Sicherheit und Verbundenheit. Besonders in der Elternschaft kann dies verstärkt werden, da emotionale Belastungen, Stress und neue Verantwortlichkeiten unbewusste Bindungsmuster aktivieren. Manchmal führt das dazu, dass alte Beziehungserfahrungen aus der eigenen Kindheit in die Partnerschaft einfließen.

Wer als Kind gelernt hat, dass emotionale Bedürfnisse nicht immer beantwortet wurden, kann Schwierigkeiten haben, selbst in stressigen Phasen auf den Partner oder die Partnerin zuzugehen.

Gleichzeitig bietet die Elternschaft die Möglichkeit, diese Muster bewusst wahrzunehmen und gezielt zu verändern. Denn Bindung ist nicht nur etwas, das in der Kindheit geformt wird, sondern auch im Erwachsenenalter weiterentwickelt werden kann. Wer sich bewusst mit den eigenen Bindungserfahrungen auseinandersetzt, schafft nicht nur mehr Verständnis für sich selbst, sondern auch für den Partner oder die Partnerin.

Eltern, die es schaffen, einander auch in herausfordernden Zeiten emotionale Sicherheit zu geben, stärken nicht nur die eigene Beziehungszufriedenheit, sondern auch die emotionale Resilienz ihrer Nachkommen. Kinder, die erleben, dass ihre Eltern sich gegenseitig unterstützen, wertschätzen und in stressreichen Phasen als Team funktionieren, entwickeln ein stabiles Grundgefühl von Vertrauen und Sicherheit.

Eine stabile Partnerschaft basiert nicht darauf, dass es keine Konflikte gibt, sondern darauf, dass Konflikte auf eine Weise gelöst werden, die emotionale Verbundenheit fördert, statt sie zu untergraben. Ein offener Austausch über Unsicherheiten, eine bewusste Reflexion über eigene Muster und die Bereitschaft, sich gegenseitig emotional zu unterstützen, sind wesentliche Bestandteile einer stabilen Elternschaft.

Reflexionsfrage

„Wie gehen wir als Paar mit emotionalen Herausforderungen um, die aus unserer Bindungsgeschichte kommen? Wie können wir uns wertschätzend mitteilen, dass alte Erfahrungen uns jetzt belasten?"

Praxisbeispiel Anna & Tobias

Wenn Eltern sich verlieren

Anna und Tobias sind seit sechs Jahren ein Paar und seit neun Monaten Eltern einer kleinen Tochter Emilia. Was einst eine liebevolle und harmonische Beziehung war, fühlt sich für Tobias inzwischen oft wie eine emotionale Achterbahnfahrt an. Seit Emilia auf der Welt ist, fühlt er sich zunehmend übersehen. Früher verbrachte er mit Anna viel Zeit zu zweit, doch jetzt scheint Emilia all ihre Aufmerksamkeit zu beanspruchen.

Tobias ist von Natur aus eher verlustängstlich – Nähe und Bestätigung seiner Partnerin waren ihm immer wichtig. Doch mit einem Baby, das ständige Fürsorge benötigt, bekommt er das Gefühl, nicht mehr gesehen zu werden. Er bemüht sich, Anna zu unterstützen, übernimmt Hausarbeiten und kümmert sich um Organisatorisches, doch er fühlt sich trotzdem nicht wertgeschätzt. Immer wieder überkommt ihn der Gedanke: „Bin ich ihr überhaupt noch wichtig?"

Anna hingegen ist vor allem erschöpft. Sie liebt Tobias, doch sie hat das Gefühl, dass er noch ein weiteres Bedürfnis an sie stellt, dem sie nicht gerecht werden kann. „Ich kann mich doch nicht auch noch um ihn kümmern, wenn ich kaum Zeit habe, um selbst zu schlafen!", denkt sie oft frustriert. Ihre Gespräche enden immer häufiger in Streit.

Tobias wird laut, fühlt sich unverstanden, während Anna sich zunehmend zurückzieht.

Nach einer besonders heftigen Auseinandersetzung entdeckt Tobias den Selbsttest in diesem Buch. Während er die Fragen beantwortet, erkennt er etwas Entscheidendes: Seine Verlustangst wird durch die aktuelle Situation massiv verstärkt. Er realisiert, dass seine Bemühungen, Annas Aufmerksamkeit zu bekommen, eher dazu führen, dass sie sich weiter zurückzieht – ein Muster, das sich bereits in früheren Beziehungen abgezeichnet hat. Auch Anna macht den Test und bemerkt, dass sie sich in stressigen Zeiten emotional verschließt. Sie erkennt, dass Tobias nicht einfach „mehr Aufmerksamkeit" will, sondern dass er sich nach einer sicheren Bindung zu ihr sehnt – genau wie sie selbst.

Erster Schritt zur Veränderung

Mit dieser neuen Erkenntnis beginnen die beiden, die erste Übung aus diesem Buch gemeinsam zu machen: „Unser Bindungsprofil verstehen – wie wir auf Stress reagieren". Dabei sprechen sie offen über ihre Ängste und Bedürfnisse, ohne sich gegenseitig zu beschuldigen. Tobias lernt, seine Emotionen zu benennen, anstatt sie in Vorwürfe zu verpacken. Anna erkennt, dass sie Tobias Nähe nicht als zusätzliche Belastung, sondern als gemeinsame Stärkung sehen kann.

Die ersten kleinen Veränderungen im Alltag machen sich bemerkbar: Sie planen bewusste Gesprächszeiten ein, in denen sie sich nicht über Emilia, sondern über sich als Paar austauschen. Tobias versteht, dass Annas Rückzug nichts mit mangelnder Liebe zu tun hat, sondern mit Erschöpfung.

Anna wiederum bemüht sich, Tobias öfter in ihren Alltag mit einzubeziehen, indem sie ihn nicht nur als Helfer, sondern als gleichwertigen Elternteil wahrnimmt.

☞ **Dieses Beispiel zeigt, dass Bindungsmuster nicht statisch sind – durch bewusste Reflexion und gezielte Übungen können Paare ihre Dynamik verändern und sich wieder näherkommen.**

Reflexionsfrage

„Erkennen wir uns in diesem Beispiel wieder? Welche unserer Reaktionen in stressigen Situationen sind von alten Bindungsmustern geprägt?“

ÜBUNG

Unsere gemeinsame Reise bewusst beginnen

▶ **Ziel:** Sich als Paar bewusst machen, was euch in eurer Beziehung wichtig ist und welche Hoffnungen, Herausforderungen oder Wünsche ihr für die kommende Zeit als (werdende) Eltern habt.

▶ **Anleitung:** Nehmt euch gemeinsam zehn bis 15 Minuten Zeit, in denen ihr euch ohne Ablenkung auf die Übung einlassen könnt.

<u>Jeder beantwortet für sich folgende Fragen schriftlich:</u>

1. Was hat uns als Paar bisher besonders stark gemacht?
2. Welche Veränderungen erwarten wir durch die Elternschaft?
3. Wovor habe ich die größte Sorge oder welche Herausforderung sehe ich auf uns zukommen?
4. Was wünsche ich mir für unsere Beziehung in der neuen Lebensphase?

▶ **Tauscht euch über eure Antworten aus.**
Lest euch gegenseitig eure Gedanken vor oder fasst sie in eigenen Worten zusammen. Achtet darauf, euch aktiv zuzuhören, ohne zu unterbrechen oder zu bewerten.

▶ **Schreibt gemeinsam eine kurze Absichtserklärung für eure Elternschaft:**
„Wir möchten als Eltern …"
Dies kann ein kurzer Satz oder eine kleine Liste sein, die euch daran erinnert, was euch wichtig ist.

☞ **Wirkung:**
Diese Übung hilft euch, bewusst als Team in die Elternschaft zu starten. Sie schafft Klarheit über eure Wünsche, Erwartungen und mögliche Herausforderungen – und ermöglicht einen liebevollen Austausch, bevor Stress oder Unsicherheiten den Alltag dominieren.

ELTERN WERDEN
WIE EURE BINDUNG EUCH JETZT FORMT

Wie wir als Eltern mit uns selbst und miteinander umgehen, wird das Fundament für die emotionale Welt unseres Kindes.
– Dr. Sue Johnson

Die Geburt eines Kindes bringt tiefgreifende Veränderungen mit sich – nicht nur für das Baby, sondern auch für die Eltern und ihre Beziehung. Während viele sich auf die praktischen Aspekte der Elternschaft vorbereiten, wird die emotionale Dimension oft unterschätzt (Johnson, 2019). Dabei ist sie entscheidend für eine stabile Partnerschaft und die Entwicklung des Kindes (Siegel, 2020).

Schwangerschaft – die erste Veränderung als Paar

Die Schwangerschaft ist eine Phase tiefgreifender Veränderungen – nicht nur körperlich, sondern auch emotional und in der Beziehung. Viele werdende Eltern bemerken bereits in dieser Zeit, dass sich ihre Dynamik als Paar verändert. Während manche sich stärker verbunden fühlen, erleben andere Unsicherheiten und Ängste.

Typische Herausforderungen in der Schwangerschaft

- **Veränderte Rollenbilder:** Beide Partner müssen sich in die neue Elternrolle einfinden, was Unsicherheiten mit sich bringen kann.
- **Emotionale Schwankungen:** Hormone und Zukunftsängste können zu Spannungen in der Beziehung führen.
- **Bindung zum Baby:** Während sich die Mutter durch die körperlichen Veränderungen oft automatisch verbunden fühlt, kann es für den anderen Elternteil schwerer sein, diese Verbindung aufzubauen.

Wie Paare in der Schwangerschaft eine starke Bindung aufbauen können

- **Offene Gespräche führen:** Regelmäßige Check-ins helfen, Ängste und Erwartungen zu teilen.
- **Gemeinsame Rituale entwickeln**: Beispielsweise das Baby gemeinsam spüren oder zusammen zu Ultraschalluntersuchungen gehen.
- **Vorbereitung auf die Elternschaft als Team:** Kurse besuchen, Bücher lesen und gemeinsam Pläne für die erste Zeit mit dem Baby machen.

Reflexionsfrage

„Wie erleben wir diese Phase als Paar?
Welche Erwartungen und Ängste haben wir?“

ÜBUNG

Wir heißen dich herzlich willkommen

Die Bindung zu unserem Kind beginnt nicht erst mit der Geburt, sie entsteht schon im Mutterleib. Studien zeigen, dass Babys bereits im Bauch die Stimmen, Berührungen und Emotionen der Eltern wahrnehmen können (Field, 2017). Diese Übung hilft euch, eure Bindung zum Baby bewusst zu vertiefen und gleichzeitig eure eigene emotionale Verbindung als Paar zu stärken.

▶ **Vorbereitung:**

- Findet einen ruhigen Moment, in dem ihr euch bewusst Zeit für euer Baby nehmen könnt.
- Setzt oder legt euch bequem hin, sodass ihr euch entspannen könnt.
- Reguliert euch einzeln oder gemeinsam, indem ihr tief atmet und euch bewusst auf das Hier und Jetzt konzentriert.

▶ **Durchführung – die Schale der Geborgenheit:**

- Der Vater oder Co-Elternteil legt seine Hand auf den Bauch, wo das Baby spürbar ist.
- Die Mutter legt ihre Hand darüber oder daneben – gemeinsam bildet ihr eine Art Schale aus euren Händen.
- Alternativ kann jeder seine freie Hand halten, um sich gegenseitig emotionale Sicherheit zu geben.

1. Liebe senden:

- Richtet eure Aufmerksamkeit auf eure Hände und spürt die Wärme und Energie, die von euch beiden ausgeht.
- Atmet ruhig und tief ein und aus – mit jeder Ausatmung schickt ihr eurem Baby liebevolle Gedanken.
- Ihr könnt euch innerlich oder laut sagen: „Wir heißen dich in unserem Leben willkommen", „Du bist sicher und geliebt" oder „Wir freuen uns auf dich."

2. Bindung stärken:

- Während ihr eurem Baby diese Botschaften sendet, nehmt auch die Nähe zu eurem Partner wahr.
- Spürt die gegenseitige Unterstützung und Co-Regulation. Eure Verbindung als Paar trägt dazu bei, eine sichere Basis für euer Kind zu schaffen.
- Bleibt für einige Minuten in dieser Verbundenheit und beendet die Übung sanft mit einem bewussten Atemzug oder einer sanften Bewegung.

▶ **Reflexion nach der Übung:**

- Wie hat sich die Übung für euch angefühlt?
- Welche Gedanken oder Emotionen sind in euch aufgekommen?
- Wie könnt ihr diese Verbindung auch im Alltag weiter vertiefen?

☞ **Diese Übung stärkt nicht nur die Eltern-Kind-Bindung, sondern auch die Paarbeziehung. Sie zeigt, dass liebevolle Co-Regulation schon während der Schwangerschaft beginnt – und dass ihr als Team eurem Baby Sicherheit schenken könnt.**

Stillzeit, Nähe, Rollenverteilung und Intimität

Die Stillzeit ist eine der intensivsten Phasen nach der Geburt – für Mutter, Vater und Kind. Sie ist nicht nur eine Zeit der körperlichen Erholung und Umstellung, sondern auch eine Phase, in der sich die Dynamik zwischen den Eltern stark verändert. Neben den körperlichen und emotionalen Herausforderungen der Mutter wirkt sich diese Zeit auch auf die Paarbeziehung aus: Nähe und Intimität müssen oft neu definiert werden, Rollenverteilungen verschieben sich, und nicht selten entstehen Missverständnisse oder Gefühle der Überforderung.

Veränderungen in der Partnerschaft während der Stillzeit

Der Fokus liegt auf dem Baby

In den ersten Wochen nach der Geburt dreht sich fast alles um das Neugeborene. Stillen ist ein intensiver Prozess, der sich nicht nur auf den Körper der Mutter auswirkt, sondern auch ihren Tagesrhythmus und ihre emotionale Verfassung prägt. Während sich der Alltag um das Stillen, Wickeln und die Versorgung des Kindes dreht, bleibt oft kaum Zeit für die Paarbeziehung. Viele Eltern erleben diese Zeit als eine Phase des „Funktionierens", in der die eigenen Bedürfnisse zurückgestellt werden müssen.

Unterschiedliche emotionale Erfahrungen

Stillende Mütter entwickeln durch den häufigen Hautkontakt und die hormonelle Unterstützung (z. B. das Kuschelhormon Oxytocin) oft eine sehr enge Bindung zum Baby (Feldman, 2012).

Das kann dazu führen, dass der andere Elternteil sich manchmal außen vor fühlt, insbesondere wenn das Baby in den ersten Monaten vor allem die Mutter als primäre Bezugsperson bevorzugt. Manche Väter oder nicht-stillende Elternteile berichten von einem Gefühl der Unsicherheit oder von Eifersucht auf die innige Beziehung zwischen Mutter und Kind (Kumar, 2017).

Körperliche Erschöpfung und Schlafmangel

Stillen ist nicht nur emotional, sondern auch körperlich herausfordernd. Der Schlafmangel, das häufige nächtliche Stillen und die ständige Bereitschaft der Mutter für das Kind können zu tiefer Erschöpfung führen (Doan et al., 2014). Dies wirkt sich nicht nur auf das allgemeine Wohlbefinden aus, sondern kann auch die emotionale Stabilität und Geduld in der Partnerschaft belasten. Besonders wenn die Aufgabenverteilung ungleich erscheint oder die Mutter sich mit der Hauptlast des Stillens und der Babypflege alleingelassen fühlt, können Konflikte entstehen.

Neue Rollenverteilung und Erwartungen

Die Stillzeit bringt oft eine unausgesprochene Rollenverteilung mit sich: Während die Mutter sich primär um das Baby kümmert, übernimmt der andere Elternteil oft Aufgaben wie Haushalt, Geschwisterbetreuung oder finanzielle Verantwortung. Dies kann zu Spannungen führen, wenn einer der Partner das Gefühl hat, dass seine Belastung nicht gesehen oder wertgeschätzt wird. Zudem erleben viele stillende Mütter einen starken mentalen und körperlichen „Load", da sie oft die Hauptverantwortung für das Baby tragen (Saxbe et al., 2018).

Wie Paare Nähe und Intimität trotz Stillzeit bewahren können

Es ist wichtig, die Veränderungen in dieser Phase als Team anzugehen. Eine bewusste Gestaltung der Partnerschaft kann helfen, das Gefühl der Verbindung zu bewahren und Missverständnisse zu vermeiden.

Bewusste Paarzeit einplanen
Auch wenn der Alltag mit Baby kaum Zeit lässt, ist es wichtig, bewusst kleine Momente der Nähe zu schaffen. Das muss nicht bedeuten, dass man sich Zeit für aufwendige Dates nimmt – oft reicht es, sich ein paar Minuten am Tag wirklich wahrzunehmen, sich zu umarmen oder ein Gespräch zu führen, das nicht nur um das Baby kreist.

Offene Kommunikation über Bedürfnisse
Gerade in dieser Phase ist es entscheidend, dass beide Partner ihre Bedürfnisse klar kommunizieren. Während die Mutter möglicherweise Erholung und Unterstützung braucht, kann der andere Elternteil sich nach mehr aktiver Einbindung in die Elternrolle sehnen. Ein offener Austausch über Wünsche und Herausforderungen hilft, Frust und Missverständnisse zu vermeiden.

Neue Formen der Intimität entdecken
Intimität bedeutet nicht nur Sexualität – sie umfasst auch emotionale Nähe, Berührungen und gemeinsame Momente der Zweisamkeit. Besonders in einer Zeit, in der sich der Körper der Mutter verändert und sich möglicherweise nicht „wie früher" anfühlt, kann es hilfreich sein, neue Wege zu finden, um sich als Paar verbunden zu fühlen.

Die Vater- oder Co-Eltern-Bindung aktiv fördern

Wenn der nicht-stillende Elternteil das Gefühl hat, ausgeschlossen zu sein, ist es wichtig, ihm gezielt Möglichkeiten zu geben, eine enge Beziehung zum Baby aufzubauen. Dies kann durch Rituale wie gemeinsames Tragen, Kuscheln oder das Übernehmen bestimmter Routinen, wie das nächtliche Beruhigen oder Baden des Babys, geschehen. Studien zeigen, dass eine enge Bindung zu beiden Elternteilen langfristig positive Auswirkungen auf die emotionale Entwicklung des Kindes hat (Lamb, 2010).

Reflexionsfrage

„Wie gehen wir als Paar mit Nähe und Distanz in dieser besonderen Zeit um? Welche kleinen Schritte können wir gehen, um uns trotz der neuen Herausforderung als Paar verbunden zu fühlen?“

ÜBUNG

Unser Kraftanker

Verbundenheit als Elternpaar stärken

▶ **Ziel:** Diese Übung hilft euch, euch gegenseitig emotional zu stärken, euch als Team wahrzunehmen und eure Bindung bewusst zu vertiefen – für euch als Paar und als Eltern. Sie kann sowohl in Zeiten der Erschöpfung als auch als tägliches Ritual genutzt werden, um eure Verbindung zu festigen.

▶ **Ablauf:**

1. <u>Bewusstes Ankommen als Paar</u>
   Sucht euch einen ruhigen Moment, in dem ihr ungestört seid – sei es am Abend nach einem langen Tag oder wenn euer Baby schläft.
   Setzt euch bequem gegenüber oder nebeneinander hin. Falls ihr das Baby dabei habt, kann es auf eurem Arm oder zwischen euch liegen. Schließt für einen Moment die Augen und nehmt drei tiefe Atemzüge.

2. <u>Die Hände als Bindungsanker nutzen</u>
   Legt eure Hände aufeinander – entweder beide Hände aufeinander oder auf das Herz des anderen. Spürt für einige Atemzüge die Wärme der Berührung.
   Falls ihr das Baby integriert, könnt ihr eine Hand auf den Bauch oder das Herz des anderen legen und die zweite Hand gemeinsam auf das Baby.

3. <u>Gemeinsam in Dankbarkeit eintauchen</u>
   Einer beginnt und sagt: „Ich bin dankbar für …" und nennt eine Kleinigkeit, die er oder sie am anderen in den letzten Tagen geschätzt hat.
   Der andere nimmt diese Worte bewusst auf, atmet tief ein und wiederholt: „Danke, ich nehme das an."
   Dann wechselt ihr die Rollen.

4. <u>Stärkung durch einen gemeinsamen Satz</u>
   Einer von euch sagt: „Wir sind ein Team. Wir halten zusammen. Wir schaffen das." Der andere wiederholt diesen Satz und ihr nehmt gemeinsam wahr, was diese Worte in euch auslösen.

5. <u>Abschluss mit einer gemeinsamen Atemverbindung</u>
   Atmet einige Male bewusst im gleichen Rhythmus ein und aus. Wenn ihr mögt, könnt ihr euch zum Abschluss umarmen oder eine Hand auf die Wange des anderen legen – eine sanfte Geste der Verbindung.

▶ Warum ist diese Übung so wirkungsvoll?

Sie stärkt eure emotionale Sicherheit als Paar – durch bewusste Berührung und den Fokus auf eure Bindung.
Sie fördert Co-Regulation: Wenn ein Partner gestresst oder erschöpft ist, kann der andere ihn emotional mittragen.
Sie verbindet euch in Dankbarkeit und Wertschätzung – ein kraftvoller Schutz gegen Stress und Überlastung.
Sie gibt Halt und Zuversicht – durch das bewusste Verinnerlichen der Worte „Wir sind ein Team."

☞ Diese Übung ist besonders hilfreich, wenn ihr euch voneinander entfernt fühlt oder das Gefühl habt, dass der Alltag euch trennt. Selbst wenn ihr nur fünf Minuten dafür einplant, kann sie euch helfen, euch gegenseitig Kraft zu schenken und gemeinsam zu wachsen.

Noch besser: Ihr macht diese Übung täglich, auch wenn es euch als Paar gut geht. Wohlwollende Wort kann man nie genüg hören!

Praxisbeispiel Sarah & Jonas

Vom Paar zum Elternteam

Sarah und Jonas waren seit sechs Jahren ein glückliches Paar. Sie liebten ihre spontanen Wochenendausflüge, ihre langen Gespräche bei einem Glas Wein und die unbeschwerten Abende auf dem Sofa. Doch mit der Geburt ihrer Tochter Emma veränderte sich ihr Alltag schlagartig.

Sarah, die sich während der Schwangerschaft sehr auf ihre neue Rolle als Mutter gefreut hatte, war plötzlich von Unsicherheiten und Erschöpfung überfordert. Die Nächte waren kurz, das Baby verlangte rund um die Uhr Aufmerksamkeit, und ihre eigenen Bedürfnisse rückten immer weiter in den Hintergrund.

Jonas versuchte, sie zu entlasten, indem er sich nach der Arbeit um Emma kümmerte – doch egal, was er tat, Sarah hatte das Gefühl, es alleine besser machen zu müssen.
Nach ein paar Monaten bemerkten sie, dass sich ihre Beziehung verändert hatte. Sie redeten kaum noch über persönliche Dinge, Jonas fühlte sich oft ausgeschlossen, und Sarah war ständig gereizt. Jeder kleine Streit schien größer zu werden, und sie fragten sich, wo die Leichtigkeit ihrer Beziehung geblieben war.

Eines Abends, nachdem Emma endlich eingeschlafen war, setzten sie sich zusammen und sprachen offen über ihre Gefühle. Sarah gestand, dass sie oft überfordert war und den Eindruck hatte, alles perfekt machen zu müssen. Jonas erklärte, dass er sich manchmal hilflos fühlte, weil er sie nicht entlasten konnte. Gemeinsam beschlossen sie, bewusste Zeit als Paar einzuplanen – auch wenn es nur zehn Minuten am Abend waren, um wirklich zuzuhören und sich gegenseitig zu unterstützen.

Langsam begann sich ihre Dynamik zu verändern. Sarah lernte, Hilfe anzunehmen, und Jonas fühlte sich wieder mehr als Teil des Ganzen. Sie verstanden, dass ihre Beziehung ein Fundament für ihre Familie war – und dass es wichtig war, sich nicht nur als Eltern, sondern auch als Liebespaar wahrzunehmen.

☞ **Was wir daraus lernen können:**

- **Der Übergang vom Paar zur Elternschaft bringt oft Unsicherheiten und neue Herausforderungen mit sich**
- **Offene Kommunikation über Ängste, Erwartungen und Bedürfnisse hilft, Missverständnisse zu vermeiden.**
- **Auch kleine bewusste Momente der Verbindung stärken die Beziehung – selbst wenn der Alltag anstrengend ist.**

DIE PSYCHOLOGISCHE TRANSFORMATION VOM PAAR ZUM ELTERNPAAR

Eltern zu werden bedeutet, sich selbst neu zu entdecken –
nicht nur als Mutter oder Vater,
sondern auch als Partner.

– Esther Perel

Die Geburt eines Kindes ist nicht nur eine biologische, sondern auch eine psychologische Geburt – aus zwei Partnern werden Eltern (Bowlby, 1988). Diese Veränderung kann tiefgreifende emotionale Prozesse auslösen.

Neue Identität: Die Rollen verändern sich. Man ist nicht mehr nur Partner, sondern auch Mutter oder Vater.

Verschiebung der Prioritäten: Das Kind steht im Mittelpunkt, während die Partnerschaft oft in den Hintergrund rückt.

Emotionale Herausforderungen: Freude, Unsicherheit, Erschöpfung und Verantwortung wechseln sich ab und können zu Spannungen führen (Cassidy & Shaver, 2016).

Aktivierung vergangener Bindungserfahrungen: Die Art, wie man selbst aufgewachsen ist, beeinflusst, wie man als Elternteil agiert und auf Stress reagiert (Schore, 2003).

Paare erleben diese Veränderung unterschiedlich: Manche wachsen durch die Elternschaft enger zusammen, andere fühlen sich überfordert und entfremden sich voneinander. Bewusst mit diesen Veränderungen umzugehen, ist der erste Schritt, um sich als Paar nicht zu verlieren.

Reflexionsfrage

„Wie fühlen wir uns aktuell in unserer neuen Rolle als Eltern?“

BINDUNGSTHEORIE
Wie unsere Vergangenheit unsere Elternschaft beeinflusst

Die Bindungstheorie wurde in den 1950er Jahren von John Bowlby entwickelt und zeigt, dass die Art, wie wir als Kinder Bindung erlebt haben, unser Verhalten in späteren Beziehungen prägt – einschließlich unserer Rolle als Eltern (Bowlby, 1988). Die empirische Forschung zur Bindungstheorie wurde später von Mary Ainsworth weitergeführt. Durch ihre Fremde-Situations-Experimente (Ainsworth et al., 1978) konnte sie die unterschiedlichen Bindungsstile erstmals systematisch erfassen.

Es gibt vier Hauptbindungsstile, die sich in der Kindheit entwickeln und ins Erwachsenenleben übertragen werden:

Sichere Bindung: Personen fühlen sich wohl mit Nähe und Vertrauen in Beziehungen (Siegel & Bryson, 2018).

Verlustängstliche Bindung: Personen haben ein starkes Bedürfnis nach Nähe und neigen zu Unsicherheiten (Johnson, 2019).

Bindungsvermeidende Bindung: Personen ziehen sich emotional zurück, um nicht verletzt zu werden (Mikulincer & Shaver, 2016).

Desorganisierte Bindung: Personen schwanken zwischen Nähe und Distanz, oft durch unsichere oder traumatische Erfahrungen geprägt (Cassidy & Shaver, 2016).

Wie Schwangerschaft und Elternschaft alte Bindungsmuster aktivieren

Die Geburt eines Kindes bringt nicht nur neue Herausforderungen, sondern aktiviert oft auch alte emotionale Muster, die tief in uns verankert sind (Siegel, 2020).

Unbewusste Erinnerungen an die eigene Kindheit: Eltern werden mit ihrer eigenen Geschichte konfrontiert. Wie sie selbst Liebe und Fürsorge erlebt haben, beeinflusst, wie sie ihr Kind behandeln (Johnson, 2023).

Erwartungsdruck & Vergleiche: Viele Eltern messen sich an Idealbildern aus ihrer Familie oder Gesellschaft und geraten unter Druck (Porges, 2011).

Alte Verletzungen treten hervor: Wer in der eigenen Kindheit Unsicherheiten oder emotionale Vernachlässigung erlebt hat, kann unbewusst Ängste oder Schutzmechanismen aus dieser Zeit wiederbeleben (Schore, 2003).

Die drei Phasen der Beziehungsdynamiken beim Elternwerden

Der Übergang zur Elternschaft verläuft nicht plötzlich, sondern in Phasen, die jede Beziehung auf ihre Weise prägen (Cassidy & Shaver, 2016).

Vor der Geburt – Erwartungen & Vorbereitung

- Freude, aber auch Unsicherheiten über die neue Rolle.
- Unterschiedliche Vorstellungen darüber, wer welche Aufgaben übernehmen wird.

Nach der Geburt – Anpassung & Herausforderungen

- Schlafmangel, neue Routinen und veränderte Rollenverteilung können zu Frust führen (Siegel & Bryson, 2018).
- Wer sich vorher sicher fühlte, kann nun Unsicherheiten erleben.
- Bindungsmuster werden intensiver spürbar.

Familienidentität – neues Gleichgewicht finden

- Nach den ersten Monaten entwickelt sich ein neuer Alltag.
- Die Aufgabe ist es, nicht nur Eltern zu sein, sondern auch als Paar verbunden zu bleiben.

☞ **Diese Phasen bewusst wahrzunehmen, hilft, mit Herausforderungen konstruktiver umzugehen.**

Reflexionsfrage

„Wo befinden wir uns als Paar in diesem Übergang und wie können wir uns in dieser Phase unterstützen?"

SELBSTTEST

Welcher Bindungstyp bin ich?

Verlustängstlich, vermeidend oder sicher gebunden

Unsere Bindungsmuster beeinflussen, wie wir Nähe, Distanz und emotionale Sicherheit in Beziehungen erleben. Dieser Test hilft dir, deine Beziehungsmuster besser zu verstehen und gezielt an deiner Bindungssicherheit zu arbeiten – für eine starke Eltern-Kind-Bindung und eine stabile Partnerschaft.

▶ Anleitung:

Beantworte jede Aussage mit einer Skala von 1 bis 5:

1 = trifft gar nicht zu, 2 = trifft eher nicht zu, 3 = teils/teils

4 = trifft eher zu, 5 = trifft vollkommen zu

▶ Fragenkatalog:

1. Wie gehst du mit Nähe und Distanz in Beziehungen um?

- Ich mache mir oft Sorgen, dass mein Partner mich nicht so liebt, wie ich ihn liebe.
- Ich habe Angst, dass mein Partner mich verlässt oder dass ich nicht genug bin.
- Ich fühle mich schnell eingeengt, wenn mir jemand zu nahe kommt.
- Es fällt mir schwer, meine Gefühle offen mit meinem Partner zu teilen.
- Ich genieße es, meinem Partner nahe zu sein und fühle mich wohl mit gegenseitiger Abhängigkeit.

2. Wie reagierst du in Stresssituationen in der Partnerschaft?

- Wenn ich gestresst bin, brauche ich unbedingt Nähe und Bestätigung von meinem Partner.
- Ich ziehe mich bei Stress eher zurück und versuche, meine Probleme alleine zu lösen.
- Ich gerate schnell in Panik, wenn mein Partner distanziert wirkt.
- Ich kann in stressigen Zeiten meine Emotionen regulieren und mit meinem Partner darüber sprechen.
- Ich fühle mich unwohl dabei, von meinem Partner emotional abhängig zu sein.

3. Wie gehst du mit Konflikten in der Beziehung um?

- Ich versuche oft, Streit zu vermeiden, indem ich mich anpasse oder nachgebe.
- Ich neige dazu, mich emotional zurückzuziehen, wenn es zu Meinungsverschiedenheiten kommt.
- Ich reagiere schnell emotional und fühle mich in Konflikten oft unverstanden.
- Ich kann Konflikte ansprechen, ohne Angst vor Ablehnung zu haben.
- Ich empfinde intensive emotionale Auseinandersetzungen als belastend und vermeide sie.

4. Wie fühlst du dich in deiner Partnerschaft?

- Ich bin oft unsicher darüber, ob mein Partner wirklich für mich da ist.
- Ich brauche sehr viel Freiraum und fühle mich schnell eingeengt.
- Ich kann mich auf meinen Partner verlassen und fühle mich in unserer Beziehung sicher.
- Ich zweifle oft daran, ob mein Partner mich liebt, und brauche häufig Bestätigung.
- Mir fällt es schwer, mich voll auf eine enge Beziehung einzulassen.

▶ **Auswertung:**

Mehrheit der Antworten zwischen 4-5 bei verlustängstlichen Aussagen:

Du neigst zu einem verlustängstlichen Bindungsstil. Nähe ist für dich essenziell, und du suchst starke emotionale Bestätigung in Beziehungen. In stressigen Zeiten kann es dir schwerfallen, dich sicher zu fühlen, wenn dein Partner sich distanziert.

Mehrheit der Antworten zwischen 4-5 bei vermeidenden Aussagen:

Du neigst zu einem vermeidenden Bindungsstil. Unabhängigkeit ist dir sehr wichtig, und emotionale Nähe kann sich für dich manchmal beängstigend anfühlen. In Stresssituationen tendierst du dazu, dich zurückzuziehen und deine Emotionen nicht zu zeigen.

Mehrheit der Antworten zwischen 4-5 bei sicheren Aussagen:

Du hast einen sicheren Bindungsstil. Du fühlst dich in Beziehungen wohl und kannst Nähe sowie Unabhängigkeit in einem gesunden Gleichgewicht erleben. Konflikte betrachtest du als lösbar, und du kannst dich in emotionalen Momenten gut regulieren.

☞ Was bedeutet das für die Elternschaft?

Verlustängstliche Eltern können dazu neigen, sehr auf ihr Kind fixiert zu sein und stark auf dessen emotionale Reaktionen zu reagieren. Sie brauchen Strategien, um sich selbst zu beruhigen und ihrem Kind Sicherheit zu vermitteln, ohne es zu überfordern.

Vermeidende Eltern könnten Schwierigkeiten haben, emotionale Nähe mit ihrem Kind zuzulassen. Sie sollten lernen, ihre eigenen Emotionen bewusster wahrzunehmen und dem Kind Sicherheit durch feinfühlige Reaktionen zu bieten.

Sichere Eltern geben ihrem Kind von Natur aus eine stabile emotionale Basis. Sie können sowohl Nähe als auch Autonomie in der Elternschaft gut ausbalancieren.

Reflexionsfrage

„Wie beeinflusst dein Bindungsstil deine Rolle als Elternteil? Welche Aspekte möchtest du bewusster gestalten?"

Bindungstraumata und ihre Auswirkungen

Die Geburt eines Kindes bringt nicht nur eine neue Rolle mit sich, sondern auch eine tiefgehende emotionale Veränderung. Für viele Eltern aktiviert diese Phase unbewusste Bindungsmuster, die sie aus ihrer eigenen Kindheit mitbringen (Bowlby, 1988; Cassidy & Shaver, 2016). Besonders wenn ein Elternteil oder beide selbst ein Bindungstrauma erlebt haben – sei es durch Verlust, Vernachlässigung oder inkonsistente Fürsorge –, kann der Übergang zur Elternschaft herausfordernd sein (Siegel, 2020).

Bindungstraumata manifestieren sich häufig in drei Hauptmustern (Mikulincer & Shaver, 2016):

▶ VERLUSTÄNGSTLICHE BINDUNG – die Angst, nicht genug zu sein oder verlassen zu werden
Menschen mit einem verlustängstlichen Bindungsmuster haben oft das tiefe Bedürfnis nach Nähe und Bestätigung (Cassidy & Shaver, 2016). Sie neigen dazu, sich stark über Beziehungen zu definieren und fühlen sich schnell unsicher, wenn sie sich nicht gesehen oder wertgeschätzt fühlen.

Wie zeigt sich das im Elternsein?
Ein verlustängstlicher Elternteil kann sehr sensibel auf Zurückweisungen reagieren, etwa wenn der Partner sich zurückzieht oder das Baby scheinbar nicht sofort auf Beruhigungsversuche anspricht. Er investiert oft extrem viel emotionale Energie in das Kind und hat Angst, „nicht genug" zu sein (Johnson, 2019).

In der Partnerschaft kann es zu Spannungen kommen, wenn das Gefühl entsteht, dass der andere sich emotional distanziert.

Wie kann die Geburt eines Kindes dieses Muster verstärken?
Der Verlustängstliche kann sich verlassen fühlen, wenn der Partner durch Stress weniger emotionale Nähe zeigt (Mikulincer & Shaver, 2016). Das Bedürfnis nach Bestätigung kann sich auf das Kind übertragen, wodurch ein Elternteil übermäßig um die emotionale Reaktion des Babys besorgt ist. Es kann zu emotionaler Abhängigkeit vom Kind kommen, weil dort mehr Nähe erlebt wird als in der Paarbeziehung.

Wie kann Elternschaft zur positiven Veränderung beitragen?
Die neue Rolle als Elternteil kann ein tiefes Gefühl von Bedeutung und Wert geben (Porges, 2011).
Durch bewusste Reflexion und einen offenen Austausch mit dem Partner kann ein sichereres Bindungsmuster gefördert werden. Die Erfahrung, dass das Baby die Eltern bedingungslos braucht, kann dabei helfen, ein inneres Gefühl von Selbstwirksamkeit und Vertrauen aufzubauen (Siegel, 2020).

▶ BINDUNGSVERMEIDUNG – die Angst vor zu viel Nähe oder Abhängigkeit
Menschen mit bindungsvermeidendem Muster haben oft Schwierigkeiten, emotionale Abhängigkeit zuzulassen. Sie bevorzugen Autonomie und fühlen sich schnell eingeengt, wenn zu viel emotionale Nähe oder Erwartungsdruck entsteht (Cassidy & Shaver, 2016).

Wie zeigt sich das im Elternsein?
Bindungsvermeidende Eltern neigen dazu, sich in Aufgaben und Organisation zu flüchten, um emotionale Überforderung zu vermeiden. Sie können Schwierigkeiten haben, sich auf die emotionale Abhängigkeit des Babys einzulassen oder Intimität in der Partnerschaft aufrechtzuerhalten. Manche Eltern versuchen, das Kind früh zu „fördern" oder „unabhängig" zu machen, um nicht in eine intensive Fürsorgerolle zu geraten (Schore, 2003).

Wie kann die Geburt eines Kindes dieses Muster verstärken?
Die emotionale Intensität des Elternseins kann als überfordernd empfunden werden, sodass der bindungsvermeidende Elternteil sich innerlich distanziert oder in Arbeit flüchtet. Nähe kann als „zu viel" erlebt werden, was dazu führen kann, dass emotionale Gespräche mit dem Partner oder der Partnerin gemieden werden (Mikulincer & Shaver, 2016). Körperliche und emotionale Intimität in der Paarbeziehung kann abnehmen, weil sich die Person stärker auf das Funktionieren konzentriert.

Wie kann Elternschaft zur positiven Veränderung beitragen?
Das Baby benötigt eine emotionale Antwort – diese Erfahrung kann helfen, emotionale Präsenz zu üben (Porges, 2011). Die neue Verantwortung kann ein gesundes Maß an Bindung und Fürsorge aktivieren, das vorher vermieden wurde. Wenn der bindungsvermeidende Elternteil die Bedürfnisse des Kindes als bereichernd statt einengend erlebt, kann dies langfristig zu einer sichereren Bindung führen (Siegel, 2020).

▶ **DESORGANISIERTE BINDUNG – zwischen Angst und Nähe hin- und hergerissen**

Menschen mit einem desorganisierten Bindungsmuster haben oft widersprüchliche Beziehungserfahrungen gemacht (Cassidy & Shaver, 2016). Nähe kann sowohl als Bedürfnis als auch als Bedrohung empfunden werden. Oft liegt hier eine Geschichte von frühen Verlusten, Vernachlässigung oder Missbrauch vor (Schore, 2003).

Wie zeigt sich das im Elternsein?

Ein desorganisierter Elternteil kann zwischen übermäßiger Nähe und plötzlichem Rückzug schwanken. Stressige Situationen mit dem Baby oder Partner können starke emotionale Reaktionen auslösen, die von Überforderung bis zu Rückzug reichen. In Konfliktsituationen kann es zu impulsiven Reaktionen oder emotionaler Erstarrung kommen (Siegel, 2020).

Wie kann die Geburt eines Kindes dieses Muster verstärken?

Die intensive emotionale Nähe kann alte Traumata triggern und unbewusste Ängste aktivieren. Wenn das Kind weint oder schwer zu beruhigen ist, kann dies Unsicherheiten auslösen, weil eigene Erfahrungen von Ohnmacht oder Zurückweisung wieder hochkommen (Schore, 2003). Konflikte in der Partnerschaft können eskalieren, wenn emotionale Regulation schwerfällt.

Wie kann Elternschaft zur positiven Veränderung beitragen?

Die bewusste Auseinandersetzung mit dem eigenen Bindungsmuster kann helfen, alte Wunden zu erkennen (Siegel & Bryson, 2018).

Ein unterstützendes Umfeld oder eine bindungstraumasensible Begleitung können dabei helfen, Unsicherheiten zu regulieren. Durch das Erleben von stabiler, wechselseitiger Fürsorge mit dem Kind kann nachträglich ein Gefühl von Bindungssicherheit entstehen (Mikulincer & Shaver, 2016).

Elternschaft als Chance zur Veränderung

Die Geburt eines Kindes verstärkt oft bestehende Bindungsmuster – sowohl in der Partnerschaft als auch im Umgang mit dem Baby (Johnson, 2019). Doch diese Phase bietet auch eine enorme Chance: Wer sich bewusst mit seinen eigenen Bindungserfahrungen auseinandersetzt, kann nicht nur die Beziehung zum Kind, sondern auch die eigene emotionale Sicherheit stärken. Professionelle Hilfe im Falle eines Bindungstraumas anzunehmen, hilft nicht nur einem selbst, sondern auch dem eigenen Kind enorm.

Reflexionsfrage

„Welche alten Bindungsmuster erkenne ich in meiner Reaktion auf mein Kind oder meinen Partner wieder und wie kann ich sie bewusst verändern?"

Wie sich unterschiedliche Bindungstypen als Eltern verhalten

Unsere Bindungsmuster beeinflussen nicht nur unsere romantischen Beziehungen, sondern auch unser Verhalten als Eltern. Wie wir mit unserem Kind umgehen, spiegelt oft wider, wie wir selbst Bindung erlebt haben.

▶ **Verlustängstliche Eltern ...**

- sehen sich oft als sehr fürsorglich und emotional präsent, neigen aber dazu, sich übermäßig um das Wohlergehen ihres Kindes zu sorgen.
- haben Schwierigkeiten, ihr Kind loszulassen oder ihm Selbstständigkeit zu ermöglichen.
- brauchen oft Bestätigung, dass sie „gute Eltern" sind, und können sehr sensibel auf Kritik oder Ablehnung reagieren.
- neigen dazu, emotionale Schwankungen ihres Kindes stark auf sich selbst zu beziehen.

▶ **Vermeidende Eltern ...**

- betonen oft die Unabhängigkeit und Selbstständigkeit ihres Kindes, auch in jungen Jahren.
- haben Schwierigkeiten, emotionale Bedürfnisse des Kindes feinfühlig wahrzunehmen und darauf zu reagieren.
- können Berührungen, Kuscheln oder emotionale Gespräche mit ihrem Kind als unangenehm empfinden.
- ziehen sich bei emotionalen Konflikten eher zurück, statt diese direkt mit ihrem Kind zu lösen.

▶ **Sichere Eltern ...**

- sind in der Lage, emotionale Nähe zuzulassen, ohne sich überfordert zu fühlen.
- unterstützen ihr Kind dabei, sowohl Selbstständigkeit als auch eine sichere Basis für emotionale Rückhalt zu entwickeln.
- können ruhig und reflektiert auf Stresssituationen reagieren.
- fördern ein ausgeglichenes Familienklima, indem sie Sicherheit und emotionale Unterstützung bieten.

Reflexionsfrage

„Wie beeinflussst dein Bindungsstil dein Verhalten als Elternteil? Gibt es Aspekte,, die du bewusster gestalten möchtest?"

ÜBUNG

Unsere gemeinsame Entwicklung reflektieren

Ziel: Diese Übung hilft euch als Paar, bewusst wahrzunehmen, wie ihr euch durch die bevorstehende oder bereits begonnene Elternschaft verändert habt – individuell und als Team.

Anleitung:

Nehmt euch 15 bis 20 Minuten Zeit, in denen ihr ungestört seid. Setzt euch gemütlich gegenüber oder nebeneinander.

Jeder beantwortet für sich folgende Fragen schriftlich oder gedanklich:

- Welche Veränderungen nehme ich seit der Schwangerschaft/Geburt an mir selbst wahr?
- Was hat sich in meiner Rolle als Partner/-in verändert?
- Was ist mir in unserer Beziehung jetzt besonders wichtig?

▶ **Teilt eure Antworten miteinander.**

- Achtet darauf, euch gegenseitig ausreden zu lassen, ohne direkt zu reagieren oder zu bewerten.

- Sprecht darüber, welche Veränderungen ihr als positiv empfindet und welche herausfordernd sind.

- Überlegt gemeinsam, **wie ihr euch in dieser neuen Phase besser unterstützen könnt**.

- Schließt die Übung mit einer positiven Affirmation füreinander ab, z. B.: „Ich sehe, wie sehr du dich bemühst, und ich bin dankbar für dich.", „Ich bin stolz darauf, wie wir diesen Weg gemeinsam gehen."

☞ **Effekt: Diese Übung hilft, Bewusstsein für persönliche und partnerschaftliche Entwicklungen zu schaffen und stärkt das gegenseitige Verständnis.**

Praxisbeispiel Anna & Tobias

Vom Liebespaar zum Elternteam

Anna und Tobias sind seit acht Jahren ein Paar. Sie hatten eine liebevolle, ausgeglichene Beziehung mit viel Zeit füreinander. Doch seit der Geburt ihres ersten Kindes ist nichts mehr wie zuvor.

Anna fühlt sich oft überwältigt von den neuen Aufgaben und bemerkt, dass sie Tobias kaum noch als Partner, sondern mehr als „Mit-Elternteil" sieht.

Tobias hingegen vermisst die unbeschwerte Leichtigkeit, die sie früher hatten, und hat das Gefühl, dass er emotional nicht mehr an Anna herankommt.

Eines Abends, nachdem ihr Baby endlich eingeschlafen ist, setzen sich die beiden mit einer Tasse Tee zusammen und sprechen offen über ihre Gefühle. Anna teilt ihre Unsicher-heit darüber, wie sich ihre Rolle als Mutter auf ihre Identität auswirkt. Tobias gesteht, dass er oft nicht weiß, wie er sie unterstützen kann, ohne sich selbst ausgeschlossen zu füh-len. Gemeinsam erkennen sie, dass ihre Beziehung eine neue Balance braucht – nicht zurück in die Vergangenheit, sondern hin zu einem neuen, starken Fundament.

Sie beschließen, sich einmal pro Woche bewusst Zeit füreinander zu nehmen, sei es für ein Gespräch, eine Umarmung oder einfach eine gemeinsame Pause im Alltag.

Beide merken schnell: Es geht nicht darum, „wieder so zu werden wie früher", sondern darum, sich als Paar neu zu definieren – mit all den Herausforderungen und der Liebe, die die Elternschaft mit sich bringt.

BIN ICH VERLUSTÄNGSTLICH ODER BINDUNGSVERMEIDEND?

Die Art und Weise, wie wir lieben,
hängt oft nicht von der Gegenwart ab,
sondern von den Spuren unserer Vergangenheit.

– Dr. Amir Levine & Rachel Heller

Elternschaft bringt nicht nur Freude, sondern auch Unsicherheiten und Ängste mit sich. Viele Paare erleben nach der Geburt eines Kindes eine emotionale Veränderung, die tief verborgene Bindungsmuster verstärken kann. In diesem Kapitel betrachten wir, wie Bindungsängste nach der Geburt verstärkt werden und welche Strategien helfen, emotionale Sicherheit in der Partnerschaft zu schaffen.

Wie zeigen sich Verlustängste und Bindungsvermeidungen nach der Geburt

Wenn ein Baby geboren wird, verändert sich nicht nur das Leben der Eltern, sondern auch ihre emotionale Dynamik. Besonders für Menschen mit bindungsängstlichen oder verlustängstlichen Mustern können diese Veränderungen verstärkt spürbar werden (Johnson, 2023).

Verlustängstliche Partner fühlen sich oft zurückgesetzt. Sie sehnen sich nach Bestätigung, reagieren sensibler auf Distanz und interpretieren das veränderte Verhalten des Partners schnell als Ablehnung (Cassidy & Shaver, 2016).

Bindungsvermeidende Partner brauchen Abstand, fühlen sich aber überfordert. Sie neigen dazu, sich in stressigen Zeiten zurückzuziehen, was den verlustängstlichen Partner noch mehr verunsichert (Mikulincer & Shaver, 2016).

Stress verstärkt unbewusste Reaktionsmuster. Die Unsicherheiten der Vergangenheit werden durch die neuen Herausforderungen als Eltern oft neu aktiviert (Siegel, 2020).

☞ **Die gute Nachricht: Bindungsmuster sind veränderbar! Wenn sich Paare bewusst machen, wie ihre Ängste die Beziehung beeinflussen, können sie lernen, sich gegenseitig mehr Sicherheit zu geben (Johnson, 2004).**

Strategien für mehr emotionale Sicherheit in der Partnerschaft

⇒ **Bewusstsein schaffen** – Versteht eure Bindungsmuster und sprecht darüber (Bowlby, 1988).

⇒ **Offen kommunizieren** – Teilt eure Gefühle, ohne Vorwürfe zu machen (Johnson, 2019).

⇒ **Rituale für Verbindung schaffen** – Kleine Gesten der Nähe helfen, emotionale Sicherheit zu stärken (Siegel & Bryson, 2018).

⇒ **Stress gemeinsam regulieren** – Unterstützt euch bewusst in schwierigen Momenten (Schore, 2003).

⇒ **Bindung als Team aufbauen** – Erinnert euch daran, dass ihr Partner und nicht Gegner seid (Johnson, 2023).

ÜBUNG ZUR STRESSREGULATION

Beruhigende Berührung

gemeinsame Übung

▶ **Ziel:** Durch körperliche Nähe Sicherheit und Ruhe in stressigen Momenten schaffen (Porges, 2011).

▶ **Anleitung:**

Setzt euch einander gegenüber oder legt euch nebeneinander hin. Einer von euch legt eine Hand sanft auf das Herz oder den Rücken des anderen.

Atmet bewusst gemeinsam ein und aus, synchronisiert eure Atmung.

Sagt euch dabei sanfte, beruhigende Worte wie „Ich bin da", „Wir schaffen das gemeinsam".

Bleibt für drei bis fünf Minuten in dieser Position, ohne Ablenkung.

☞ **Effekt:** Fördert die Ausschüttung von Oxytocin, das Stresshormone reduziert, und stärkt das Gefühl von Verbundenheit (Feldman, 2017).

Mein sicherer Ort - innere Ruhe finden

individuelle Übung

▶ **Ziel:** Diese Übung hilft dir, dich in stressigen Momenten selbst zu regulieren, indem du einen inneren sicheren Ort erschaffst, der Ruhe und Stabilität vermittelt. Sie stärkt deine Selbstregulation und emotionale Widerstandskraft.

▶ **Anleitung**:

Eine bewusste Pause nehmen

- Finde einen ruhigen Moment für dich allein – selbst drei Minuten genügen.
- Setze dich bequem hin oder lehne dich entspannt an.
- Schließe die Augen und atme tief in den Bauch ein und langsam aus.

Deinen inneren sicheren Ort erschaffen

- Stell dir einen Ort vor, an dem du dich vollkommen sicher, geborgen und ruhig fühlst.
- Das kann ein realer Ort sein (z. B. ein Lieblingsplatz in der Natur) oder ein imaginärer Raum, den du dir erschaffst.
- Achte auf Farben, Geräusche, Düfte und Gefühle, die dieser Ort ausstrahlt.

Deinen Körper einbeziehen

- Lege eine Hand auf dein Herz oder deinen Bauch.
- Stell dir vor, wie mit jedem Einatmen Ruhe und Sicherheit in dich hineinströmen.
- Mit jedem Ausatmen lässt du Anspannung, Stress oder
- Unsicherheit los.

Eine persönliche Beruhigungsformel finden

- Finde einen Satz, der dich innerlich stärkt, z. B.:
  „Ich bin sicher und getragen."
  „Ich darf mir eine Pause nehmen."
  „Ich bin genug – so wie ich bin."
- Wiederhole diesen Satz innerlich oder leise für dich.

Zurück in den Moment kommen

- Nimm drei bewusste Atemzüge.
- Öffne langsam die Augen und strecke dich sanft.
- Spüre nach, wie dein Körper sich jetzt anfühlt.

▶ Warum ist diese Übung so wirksam?

⇒ ***Fördert Selbstregulation:*** Hilft, das Nervensystem zu beruhigen (Porges, 2011).
⇒ ***Schafft innere Sicherheit:*** Stärkt die Fähigkeit, mit Stress und emotionaler Überlastung umzugehen.
⇒ ***Erhöht Resilienz:*** Wer sich selbst beruhigen kann, geht stabiler durch herausfordernde Phasen.

Diese Übung kann täglich angewendet werden – auch in kurzen Momenten zwischendurch. Wer sich selbst gut regulieren kann, hat mehr emotionale Ressourcen für sich, den Partner und das Kind.

Häufige Konflikte: Nähe-Distanz-Probleme, Überforderung, Unsicherheit

Dieses Kapitel hilft dabei, häufige Konflikte in der Elternschaft zu erkennen und Lösungen zu finden, um eine stärkere und stabilere Partnerschaft aufzubauen.

▶ Nähe-Distanz-Probleme

- Verlustängstliche Partner haben oft das Gefühl, dass sie mehr Nähe brauchen als ihr Partner bereit ist zu geben (Mikulincer & Shaver, 2016).
- Vermeidende Partner fühlen sich oft von zu viel Nähe überwältigt und ziehen sich zurück (Fraley & Shaver, 2000).
- Diese Unterschiede können zu einem „Katz-und-Maus-Spiel" führen, in dem einer drängt und der andere flüchtet (Johnson, 2019).

▶ Überforderung in der Elternschaft

- Viele Eltern fühlen sich überfordert durch die neuen Anforderungen und die fehlende Zeit für sich selbst (Siegel & Bryson, 2018).
- Unterschiedliche Erwartungen an Aufgabenverteilung können zu Streit führen: „Ich mache alles allein!" vs. „Ich brauche mal eine Pause!" (Schore, 2003).
- Stress und Schlafmangel können dazu führen, dass Konflikte eskalieren (Sbarra & Hazan, 2008).

▶ **Unsicherheiten in der Elternrolle**

- Viele Eltern hinterfragen ihre Entscheidungen und haben Angst, Fehler zu machen (Benoit, 2004).
- Bindungsunsichere Eltern können Schwierigkeiten haben, sich in ihrer neuen Rolle sicher zu fühlen (Cassidy et al., 2013).
- Der Wunsch, alles „richtig" zu machen, kann zusätzlichen Druck erzeugen und zu Spannungen führen (Porges, 2011).

Reflexionsfrage

„Wie gehen wir mit unseren unterschiedlichen Bedürfnissen in der Elternschaft um? Wo können wir uns gegenseitig besser unterstützen??"

Wie individuelle Bindungsmuster unser Elternsein beeinflussen

Unsere eigenen Bindungserfahrungen aus der Kindheit prägen maßgeblich, wie wir als Eltern auf unser Kind reagieren. Sie beeinflussen unser Nähe-Distanz-Verhalten, unseren Umgang mit Stress und unsere Fähigkeit, feinfühlig auf die Bedürfnisse unseres Kindes einzugehen (Cassidy & Shaver, 2016). Diese tief verankerten Muster sind oft unbewusst und können sich sowohl positiv als auch herausfordernd auf die Eltern-Kind-Beziehung auswirken.

▸ Die Rolle der eigenen Bindungserfahrungen in der Elternschaft

Bindungsmuster entwickeln sich in den ersten Lebensjahren und bleiben oft über Jahrzehnte hinweg bestehen, wenn sie nicht bewusst reflektiert werden. In der Elternschaft zeigt sich dies besonders in stressigen oder herausfordernden Situationen, in denen wir instinktiv auf bekannte Verhaltensweisen zurückgreifen (Fraley & Roisman, 2019).

Eltern mit einem **sicheren Bindungsstil** fühlen sich in ihrer Rolle als Mutter oder Vater meist wohl. Sie können sowohl Nähe zulassen als auch ihrem Kind Raum für Entwicklung geben.

Verlustängstliche Eltern neigen dazu, die Emotionen ihres Kindes besonders intensiv wahrzunehmen, was zu Überbehütung oder Sorgen führen kann. Sie haben möglicherweise Angst, nicht genug zu geben oder nicht die „richtige" Art von Eltern zu sein (Mikulincer & Shaver, 2016).

Vermeidend gebundene Eltern hingegen haben oft Schwierigkeiten, intensive emotionale Nähe auszuhalten. Unbewusst könnten sie sich distanzieren oder sich eher auf praktische Aspekte des Elternseins konzentrieren, um tiefere emotionale Auseinandersetzungen zu vermeiden (Schore, 2003).

Wie Bindungsmuster Stress und Konflikte in der Elternschaft beeinflussen

Stress ist ein natürlicher Bestandteil des Elternseins – wie wir damit umgehen, hängt jedoch stark von unseren eigenen Bindungsmustern ab (Siegel, 2020).

Eltern mit einer **sicheren Bindung** können Stress in der Regel effektiver regulieren und sind in herausfordernden Situationen emotional ansprechbar für ihr Kind.

Bindungsängstliche Eltern reagieren oft besonders intensiv auf Stress und fühlen sich schnell überfordert oder verunsichert (Porges, 2011).

Vermeidend gebundene Eltern könnten dazu neigen, sich in belastenden Momenten zurückzuziehen, anstatt Konflikte oder Unsicherheiten aktiv zu bewältigen (Cassidy et al., 2013).

Bewusste Reflexion für eine sichere Eltern-Kind-Bindung

Auch wenn Bindungsmuster tief verwurzelt sind, bedeutet das nicht, dass sie unveränderbar sind. Eltern können durch Selbstreflexion, bewusste Beziehungsarbeit und den Austausch mit ihrem Partner oder unterstützenden Netzwerken lernen, neue Wege im Umgang mit Emotionen und Bindung zu gehen.

- Eigene emotionale Reaktionen bewusst wahrzunehmen hilft, automatische Muster zu erkennen und zu hinterfragen.
- Stressbewältigungsstrategien und emotionale Regulation sind essenziell, um auch in schwierigen Momenten feinfühlig auf das Kind eingehen zu können.
- Eine sichere Bindung zum Kind entsteht nicht durch Perfektion, sondern durch die stetige Bereitschaft, sich einzulassen, zuzuhören und emotional präsent zu sein.

Reflexionsfrage

„Welche Muster erkenne ich in meinem Verhalten als Elternteil? Wie kann ich bewusster mit meinen Emotionen umgehen, um mein Kind sicher zu begleiten?“

Praxisbeispiel Anna & Lukas

Wenn Bindungsmuster aufeinandertreffen

Anna und Lukas sind seit sechs Jahren ein Paar und erwarten ihr erstes Kind. Schon während der Schwangerschaft bemerkt Lukas, dass sich Anna zunehmend sorgt: „Was, wenn du mich nach der Geburt nicht mehr attraktiv findest? Was, wenn du dich von mir entfernst?"

Lukas hingegen zieht sich immer mehr zurück und reagiert oft mit genervtem Schweigen, wenn Anna über ihre Ängste spricht.

Nach der Geburt ihres Sohnes Emil verstärken sich diese Dynamiken. Anna fühlt sich oft allein mit den Herausforderungen des Mutterseins, während Lukas sich durch ihre ständigen Fragen und Sorgen überfordert fühlt. Wenn Anna Nähe sucht, blockt Lukas ab – nicht, weil er sie nicht liebt, sondern weil ihm die emotionale Intensität zu viel wird.

Nach mehreren Gesprächen mit einer Beraterin wird klar, dass Anna einen ***verlustängstlichen Bindungsstil*** *hat. Sie braucht viel Bestätigung und fürchtet Zurückweisung. Lukas hingegen zeigt eher* ***bindungsvermeidende Muster*** *– wenn emotionale Erwartungen an ihn gestellt werden, neigt er dazu, sich zurückzuziehen, um sich nicht überwältigt zu fühlen.*

Durch gezielte Reflexion erkennen beide, dass nicht der andere das Problem ist, sondern ihre alten Bindungsmuster aus der Kindheit, die in der neuen Lebensphase besonders stark aktiviert wurden.

Gemeinsam lernen sie, Annas Bedürfnis nach Nähe und Lukas Wunsch nach Raum besser auszubalancieren. Sie üben, über ihre Gefühle zu sprechen, bevor sie in Konflikt geraten, und finden neue Wege, einander zu unterstützen.

Reflexionsfrage

„Erkenne ich mich oder meinen Partner in einem dieser Mus-ter wieder? Wie beeinflussen unsere Bindungstypen unsere Beziehung als Eltern?“

DIE GROSSE HERAUSFORDERUNG FÜR PAARE NACH DER GEBURT

Eure Liebe hat dieses Kind erschaffen -

vergesst nicht, auch sie weiter zu nähren.

- unbekannt

Emotionale Distanz: Wir haben uns entfremdet

Nach der Geburt eines Kindes erleben viele Paare eine tiefgreifende Veränderung in ihrer Beziehung. Die anfängliche Euphorie kann schnell von Erschöpfung, neuen Verantwortlichkeiten und dem Gefühl, sich als Paar zu verlieren, abgelöst werden (Gottman & Gottman, 2017).

Emotionale Distanz ist eine der häufigsten Herausforderungen für frischgebackene Eltern und kann sich in verschiedenen Formen äußern:

▶ Warum entsteht emotionale Distanz nach der Geburt?

Veränderung der Beziehungsdynamik: Vor der Geburt stand die Partnerschaft oft im Mittelpunkt. Nach der Geburt rückt das Baby in den Fokus, was zu einem Gefühl der Entfremdung führen kann (Kluwer, 2010).

Unterschiedliche Erwartungen: Während ein Partner möglicherweise verstärkt Nähe sucht, zieht sich der andere zurück, um mit der neuen Belastung umzugehen. Dies kann zu Missverständnissen und Spannungen führen (Feeney & Collins, 2014).

Erschöpfung und Stress: Schlafmangel, hormonelle Veränderungen und die permanente Verantwortung können dazu führen, dass emotionale Nähe vernachlässigt wird (Halford, Petch & Creedy, 2010).

Fehlende Kommunikation: Paare, die früher offen über ihre Gefühle gesprochen haben, erleben oft eine Abnahme der Kommunikation aufgrund von Zeitmangel und mentaler Überlastung (Cowan & Cowan, 2000).

▶ Wie äußert sich emotionale Distanz?

Ein Partner fühlt sich „allein“, obwohl beide im selben Haus leben (Shapiro & Gottman, 2005).

Die Gespräche drehen sich fast ausschließlich um das Kind, während persönliche oder partnerschaftliche Themen in den Hintergrund treten (Lawrence et al., 2008).

Körperliche Intimität nimmt ab, nicht nur in Form von Sexualität, sondern auch durch weniger Berührungen und Zärtlichkeiten (Varga et al., 2022).

Konflikte nehmen zu, da sich beide Partner missverstanden oder nicht gesehen fühlen (Gottman & Gottman, 2017).

▶ Strategien zur Überwindung emotionaler Distanz

Bewusste Zeit zu zweit einplanen: Auch kleine Momente der Zweisamkeit, wie gemeinsames Essen oder ein Spaziergang, können helfen, die Verbindung aufrechtzuerhalten (Markman, Stanley & Blumberg, 2010).

Offene Kommunikation fördern: Anstatt Frustrationen unausgesprochen zu lassen, sollten Paare lernen, ihre Bedürfnisse und Gefühle klar zu benennen (Halford et al., 2010).

Unterstützung durch professionelle Beratung suchen: Paartherapie oder Elterncoaching kann helfen, neue Wege zur emotionalen Verbundenheit zu finden (Johnson, 2019).

Bindungsorientierte Rituale etablieren: Regelmäßige Berührungen, bewusste Verabschiedungen oder kurze Gespräche über den Tag können emotionale Nähe fördern (Siegel & Bryson, 2018).

Reflexionsfrage

„Welche Momente in unserem Alltag könnten wir bewusster gestalten, um uns als Paar wieder näher zu fühlen?“

Streit um Kleinigkeiten: Warum es oft um tiefere Bindungsthemen geht

Viele Paare berichten, dass nach der Geburt eines Kindes plötzlich Streitigkeiten über scheinbar unwichtige Dinge zunehmen – von der Art, wie die Windeln gefaltet werden, bis hin zu der Frage, wer wann das Baby ins Bett bringt (Gottman & Gottman, 2017). Doch oft geht es in diesen Konflikten nicht wirklich um die Oberfläche, sondern um tieferliegende emotionale Bedürfnisse und Bindungsthemen.

▶ Warum eskalieren Kleinigkeiten in der Elternschaft?

Veränderte Rollen und Erwartungen: Während vor der Geburt oft Gleichberechtigung herrschte, können sich neue Verantwortlichkeiten unausgesprochen verschieben, was Frustrationen auslöst (Kluwer, 2010).

Ungeklärte emotionale Bedürfnisse: Ein Partner fühlt sich möglicherweise überfordert oder nicht ausreichend unterstützt, kann dies aber nicht direkt benennen und es äußert sich stattdessen in kleinen Auseinandersetzungen (Feeney & Collins, 2014).

Stressreaktionen verstärken alte Bindungsmuster: In stressigen Momenten werden häufig Muster aus der eigenen Kindheit aktiviert, was dazu führen kann, dass ein Partner sich zurückzieht oder besonders fordernd wird (Johnson, 2019).

Erwartungen an den anderen als Elternteil: Jeder bringt seine eigenen Vorstellungen von „guter Elternschaft" mit, oft basierend auf den eigenen Kindheitserfahrungen, und diese können kollidieren (Cassidy & Shaver, 2016).

▶ Wie erkennt man, ob hinter einem Konflikt tiefere Bindungsthemen stecken?

- Wiederkehrende Streits über scheinbar unwichtige Dinge (Markman et al., 2010).
- Überproportionale emotionale Reaktionen auf kleine Auslöser (Halford et al., 2010).
- Gefühle von Missverständnis oder Zurückweisung, selbst wenn es nur um Alltagsdinge geht (Siegel & Bryson, 2018).
- Das Gefühl, dass Streit nicht wirklich gelöst wird, sondern sich immer wiederholt (Gottman & Gottman, 2017).
-

▶ Wege aus dem Kreislauf der Kleinigkeiten-Streitigkeiten

<u>Emotionale Bedürfnisse hinterfragen</u>: Statt nur auf den äußeren Konflikt zu reagieren, hilft es zu fragen: „Was steckt wirklich hinter meiner Frustration?" (Johnson, 2019).

<u>Pausen einlegen und reflektieren</u>: Wenn ein Streit eskaliert, kann eine kurze Unterbrechung helfen, um die eigenen Emotionen zu regulieren (Siegel, 2020).

<u>Gemeinsame Bindungsmomente schaffen</u>: Statt sich nur über das Kind auszutauschen, bewusst Zeit für Gespräche über Emotionen und persönliche Erlebnisse nehmen (Feeney & Collins, 2014).

<u>Bindungsstärkende Kommunikation nutzen</u>: Statt Vorwürfen („Du hilfst nie!") eigene Bedürfnisse benennen („Ich fühle mich überfordert und wünsche mir mehr Unterstützung.") (Gottman & Gottman, 2017).

Reflexionsfrage

„Wann hatten wir das letzte Mal einen Konflikt über eine Kleinigkeit? Gab es ein tieferes Bedürfnis dahinter?"

Rollenteilung und Erwartungsdruck: „Wer bin ich jetzt für dich?"

Mit der Geburt eines Kindes verändert sich nicht nur der Alltag, sondern auch die Rollenverteilung in der Partnerschaft. Viele Paare erleben eine Identitätsverlagerung: Die einstigen Rollen als Liebende, Freunde oder Abenteuerpartner treten in den Hintergrund, während die Elternrollen dominieren (Cowan & Cowan, 2000).

▶ Warum führt die neue Rollenverteilung zu Spannungen?

Traditionelle und moderne Erwartungen kollidieren: Während viele Paare Gleichberechtigung anstreben, übernimmt oft unbewusst ein Elternteil (häufig die Mutter) die Hauptverantwortung für das Kind (Kluwer, 2010).

Mental Load und unausgesprochene Erwartungen: Oft trägt ein Partner die unsichtbare Last der Organisation, was zu Frustration und Ungleichgewicht führen kann (Daminger, 2019).

Fehlende Anerkennung: Einer oder beide Partner haben das Gefühl, dass ihre Leistungen nicht gesehen oder gewürdigt werden (Gottman & Gottman, 2017).

Verlust der individuellen Identität: Ein Partner kann sich reduziert auf seine Rolle als Elternteil fühlen und sich fragen: „Bin ich für dich nur noch Mutter/Vater?" (Feeney & Collins, 2014).

▶ Wie kann man als Paar das Gleichgewicht wiederfinden?

Rollenbewusstheit schaffen: Sich bewusst machen, wie die Aufgaben tatsächlich verteilt sind, und offen darüber sprechen (Siegel & Bryson, 2018).

Gegenseitige Wertschätzung ausdrücken: Regelmäßig Anerkennung für die jeweiligen Beiträge zeigen (Halford et al., 2010).

Persönliche Zeiträume erhalten: Jeder Partner sollte auch Raum für eigene Bedürfnisse, Hobbys und soziale Kontakte haben (Markman et al., 2010).

Elternschaft als Teamwork betrachten: Statt „Wer macht mehr?" sollte der Fokus auf „Wie können wir uns gegenseitig entlasten?" liegen (Johnson, 2019).

Reflexionsfrage

„Welche Erwartungen haben wir aneinander als Eltern – und wie können wir sie fair und liebevoll gestalten??"

ÜBUNG

Unser Bindungsprofil verstehen

Wie wir auf Stress reagieren

Stress kann unsere Bindungsmuster aktivieren und beeinflussen, wie wir als Partner miteinander umgehen (Mikulincer & Shaver, 2016). Diese Übung hilft euch, euer individuelles Bindungsprofil zu reflektieren und zu verstehen, wie ihr unter Stress aufeinander reagiert.

▶ Schritt 1: Selbstreflexion über Stressreaktionen

Setzt euch getrennt hin und beantwortet die folgenden Fragen schriftlich:

- Wie reagiere ich in stressigen Situationen?
- Ziehe ich mich zurück oder suche ich verstärkt Nähe?
- Fühle ich mich schnell überfordert, wenn mein Partner gestresst ist?
- Welche Strategien nutze ich, um Stress zu bewältigen?

▶ Schritt 2: Austausch über eure Erfahrungen

- Lest euch gegenseitig eure Antworten vor und besprecht sie offen.
- Achtet darauf, nicht zu bewerten, sondern zuzuhören und zu verstehen.
- Versucht, Gemeinsamkeiten und Unterschiede zu kennen.

▶ Schritt 3: Erkennen von Mustern

- Gibt es wiederkehrende Muster in eurer Stressbewältigung?
- Gibt es Momente, in denen ihr euch gegenseitig eher unterstützt oder belastet fühlt?
- Welche Emotionen stehen hinter eurem Stressverhalten (z. B. Angst, Überforderung, Einsamkeit)?

▶ Schritt 4: Entwicklung neuer Strategien

- Überlegt gemeinsam, wie ihr eure Stressreaktionen besser aufeinander abstimmen könnt.
- Formuliert konkrete Maßnahmen: Braucht ihr mehr Raum für euch selbst oder mehr gemeinsame Entlastungsmomente?
- Überlegt, wie ihr euch gegenseitig in stressigen Momenten unterstützen könnt.

Reflexionsfrage

„Welche neuen Erkenntnisse habt ihr über euch und eure Beziehung gewonnen, die euch helfen können, mit Stress besser umzugehen?"

Praxisbeispiel Lisa & Tom

Wenn Elternschaft alte Bindungsmuster aktiviert

Lisa und Tom sind seit sieben Jahren ein Paar. Sie hatten eine stabile Beziehung, in der sie Konflikte meist gut lösen konnten. Doch seit der Geburt ihres Sohnes Emil vor vier Monaten erleben sie eine völlig neue Dynamik – eine, die sie nicht erwartet hatten.

Die ersten Anzeichen von Distanz und Frust

Lisa fühlt sich erschöpft. Sie liebt ihren Sohn über alles, aber seit der Geburt hat sie das Gefühl, dass sie kaum noch als Partnerin wahrgenommen wird. Sie verbringt ihre Tage mit Emil, stillt, wickelt, tröstet – und wenn Tom abends nach Hause kommt, fühlt sie sich, als ob sie ihm auch noch erklären müsste, was zu tun ist. Gleichzeitig vermisst sie seine Nähe und wünscht sich, dass er aktiver auf sie zugeht. Doch stattdessen zieht sich Tom zurück.

Tom hingegen hat das Gefühl, dass er nichts mehr richtig machen kann. Wann immer er hilft, scheint Lisa unzufrieden zu sein. Manchmal fühlt er sich sogar überflüssig. Früher waren sie ein Team, aber jetzt hat er das Gefühl, dass Lisa ihn nicht mehr braucht. Wenn er versucht, mit ihr über seine Gefühle zu sprechen, blockt sie ab oder ist genervt. „Ich kann mich doch nicht auch noch um deine Gefühle kümmern!", hat sie einmal gesagt, als er seine Frustration äußerte. Seitdem spricht er nicht mehr darüber.

Warum zeigt sich dieses Muster?
Lisa hat in ihrer Kindheit gelernt, dass sie auf sich allein gestellt ist. Ihre Mutter war alleinerziehend und stark belastet. Dadurch hat Lisa früh Verantwortung übernommen und gelernt, dass es am besten ist, Dinge allein zu regeln. Ihre Verlustangst zeigt sich jetzt darin, dass sie sich unbewusst überfordert fühlt und glaubt, dass nur sie für Emil sorgen kann – gleichzeitig sehnt sie sich aber nach Unterstützung, weiß jedoch nicht, wie sie sie einfordern soll (Cassidy & Shaver, 2016).

Tom hingegen ist in einem Haushalt aufgewachsen, in dem emotionale Themen oft vermieden wurden. Seine Eltern hatten eine funktionale, aber distanzierte Beziehung. Konflikte wurden selten offen angesprochen, und Zuneigung wurde eher indirekt gezeigt. Wenn Lisa gestresst ist, zieht Tom sich zurück – nicht, weil er sich nicht interessiert, sondern weil er gelernt hat, dass Konflikte mit Distanz „gelöst" werden (Feeney & Collins, 2014).

Wie sie das Muster durchbrechen
Nach einigen Wochen voller Frustration beschließen Lisa und Tom, bewusster an ihrer Beziehung zu arbeiten. Sie machen eine Reflexionsübung aus einem Buch über Bindung (ähnlich wie in diesem Ratgeber).

Sie erkennen ihre Bindungsmuster: *Lisa erkennt, dass sie unbewusst alle Verantwortung an sich reißt und Tom dadurch das Gefühl gibt, unerwünscht zu sein. Tom realisiert, dass sein Rückzug Lisa noch mehr stresst und sie sich dadurch noch einsamer fühlt.*

Sie kommunizieren offener: *Anstatt zu sagen „Du hilfst nie!", versucht Lisa ihre Gefühle zu formulieren: „Ich fühle mich oft* *überfordert und wünschte mir, dass du von selbst erkennst, was gemacht werden muss." Tom wiederum erklärt, dass er oft nicht weiß, wie er helfen kann, weil er Angst hat, es falsch zu machen.*

Sie setzen kleine Veränderungen um: *Tom nimmt sich bewusst vor, Lisa öfter in den Arm zu nehmen und nicht darauf zu warten, dass sie danach fragt. Lisa übt sich darin, Aufgaben abzugeben und Vertrauen in Toms Fähigkeiten als Vater zu entwickeln.*

Sie planen Paarzeit ein: *Auch wenn Emil ihre oberste Priorität ist, beginnen sie, einmal pro Woche eine bewusste Zeit für sich einzuplanen – sei es ein Gespräch ohne Ablenkung oder eine kleine gemeinsame Aktivität.*

Bindung als Schlüssel zur Partnerschaft

Lisa und Tom lernen, dass ihre Reaktionen nicht „persönlich" sind, sondern aus alten Bindungsmustern stammen. Indem sie sich selbst besser verstehen, können sie nicht nur ihre Partnerschaft, sondern auch die Sicherheit ihres Kindes stärken.

Sie erkennen: *Es ist nicht entscheidend, keine Konflikte zu haben – sondern zu lernen, wie man als Paar sicher miteinander umgeht, auch wenn der Alltag herausfordernd ist (Johnson, 2019).*

Reflexionsfrage

„Erkennen wir uns in bestimmten Aspekten dieser Geschichte wieder? Wie können wir unsere eigene Dynamik besser verstehen und verändern?"

DIE BINDUNGSTYPEN IN DER ELTERNROLLE

Hinter jeder Angst vor Nähe oder Distanz
steckt das tiefe Bedürfnis
nach Sicherheit und Liebe.
– Dr. Gabor Maté

Der Übergang zur Elternschaft bringt nicht nur organisatorische und alltägliche Veränderungen mit sich, sondern kann auch tief verwurzelte emotionale Muster aktivieren. Besonders Bindungsangst und Verlustangst treten in dieser Phase oft stärker hervor. Während einige Eltern sich plötzlich zurückziehen und mehr Unabhängigkeit suchen, benötigen andere verstärkt Bestätigung und Nähe. Diese unsichtbaren Dynamiken können zu Missverständnissen und Spannungen in der Partnerschaft führen (Mikulincer & Shaver, 2016).

Dieses Kapitel widmet sich den verschiedenen Bindungstypen und zeigt, wie sich Verlustangst und Bindungsangst in der Elternrolle auswirken. Zudem werden Strategien vorgestellt, um eine sichere emotionale Basis für sich selbst, den Partner und das Kind zu schaffen.

Verlustängstliche Eltern: „Habe ich jetzt weniger Bedeutung für dich?"

Nach der Geburt eines Kindes verändert sich nicht nur der Alltag, sondern auch die Dynamik in der Paarbeziehung. Besonders für Eltern mit einem verlustängstlichen Bindungsstil kann diese Phase emotional herausfordernd sein (Mikulincer & Shaver, 2016). Das Gefühl, nicht mehr die erste Priorität des Partners zu sein, kann Unsicherheit, Angst und intensive emotionale Reaktionen hervorrufen.

▶ Warum verstärkt Elternschaft Verlustängste?

Verschiebung des Fokus: Das Baby benötigt viel Aufmerksamkeit und Zuwendung. Für verlustängstliche Eltern kann dies das Gefühl verstärken, nicht mehr wichtig genug für den Partner zu sein (Cassidy & Shaver, 2016).

Gesteigerte Abhängigkeit von Bestätigung: Wer bereits vor der Geburt oft Bestätigung in der Beziehung suchte, erlebt nun möglicherweise einen Mangel daran, weil der Partner ebenfalls emotional gefordert ist (Johnson, 2019).

Erhöhte emotionale Sensibilität: Stress und Schlafmangel können emotionale Reaktionen intensivieren, wodurch selbst kleine Veränderungen in der Beziehung als bedrohlich wahrgenommen werden (Feeney & Collins, 2014).

Vergangene Bindungserfahrungen werden reaktiviert: Wenn in der Kindheit Unsicherheiten oder emotionale Vernachlässigung erlebt wurden, können diese Ängste durch die neue Elternrolle wieder aufflammen (Siegel & Bryson, 2018).

▶ Wie zeigt sich Verlustangst in der Elternrolle?

Ständiger Wunsch nach Nähe: Verlustängstliche Eltern suchen verstärkt emotionale und körperliche Nähe zum Partner, um sich sicher zu fühlen.

Schnelle Verunsicherung bei Distanz: Wenn der Partner Zeit allein oder mit dem Kind verbringt, kann dies als Zurückweisung empfunden werden.

Konflikte über Zuneigung und Aufmerksamkeit: Der verlustängstliche Partner äußert möglicherweise häufiger Vorwürfe wie „Früher hast du mich mehr beachtet" oder „Ich fühle mich ausgeschlossen".

Übermäßige Selbstzweifel in der Elternrolle: Verlustängstliche Eltern fragen sich oft, ob sie „gut genug" sind und befürchten, Fehler zu machen, die die Beziehung oder das Kind belasten könnten.

▶ Wie können verlustängstliche Eltern ihre Ängste regulieren?

Bewusstsein für eigene Bindungsmuster schaffen: Sich bewusst machen, dass die Verlustängste aus alten Mustern stammen und nicht zwangsläufig mit der aktuellen Beziehung zusammenhängen (Mikulincer & Shaver, 2016).

Offene Kommunikation mit dem Partner: Statt Vorwürfe zu machen, kann es helfen, die eigenen Gefühle in Ich-Botschaften auszudrücken: „Ich merke, dass ich Angst habe, nicht mehr so wichtig für dich zu sein."

Sich selbst emotionale Sicherheit geben: Durch Achtsamkeit, Selbstfürsorge und das Erkennen eigener Bedürfnisse können verlustängstliche Eltern lernen, sich nicht allein auf den Partner zur Beruhigung zu verlassen (Siegel, 2020).

Bewusste Paarzeiten einplanen: Auch wenn der Fokus auf dem Kind liegt, hilft es, kleine Rituale zu etablieren, die Nähe und Verbundenheit im Alltag erhalten (Gottman & Gottman, 2017).

Reflexionsfrage

„Wie beeinflusst mich meine Verlustangst als Elternteil und was kann ich tun, um mich sicherer zu fühlen?"

Bindungsvermeidende Eltern: „Ich brauche mehr Abstand, um nicht erdrückt zu werden!"

Während verlustängstliche Eltern nach Bestätigung und Nähe suchen, erleben bindungsvermeidende Eltern die Elternschaft oft als eine Phase, in der sie sich von ihrem Partner oder sogar vom Kind überwältigt fühlen. Der plötzliche Verlust von Autonomie und der ständige emotionale Austausch können für sie herausfordernd sein (Fraley & Roisman, 2019).

▶ Warum verstärkt Elternschaft Bindungsvermeidung?

Erhöhte emotionale Anforderungen: Die neue Elternrolle erfordert eine konstante emotionale Präsenz und Fürsorge, was bindungsvermeidende Eltern als anstrengend empfinden können (Cassidy & Shaver, 2016).

Verlust von Unabhängigkeit: Vor der Geburt konnten sie ihre Zeit und Energie freier gestalten – nach der Geburt sind sie oft dauerhaft eingebunden, was zu einem Gefühl von Einengung führt (Feeney & Collins, 2014).

Frühere Bindungserfahrungen werden reaktiviert: Eltern, die in ihrer Kindheit wenig emotionale Nähe erfahren haben, können sich schwertun, sich in die emotionale Abhängigkeit ihres Kindes hineinzuversetzen (Siegel & Bryson, 2018).

Herausforderung der Intimität in der Partnerschaft: Der Druck, sich nicht nur um das Kind, sondern auch um die Beziehung zu kümmern, kann dazu führen, dass sich der bindungsvermeidende Partner noch weiter distanziert (Mikulincer & Shaver, 2016).

▶ Wie zeigt sich Bindungsvermeidung in der Elternrolle?

Rückzug bei Stress: Anstatt sich dem Partner oder dem Kind zuzuwenden, suchen bindungsvermeidende Eltern oft Ablenkung in Arbeit, Hobbys oder Alleinzeit.

Schwierigkeiten, Emotionen auszudrücken: Emotionale Nähe und tiefgehende Gespräche über Gefühle können als unangenehm empfunden und daher vermieden werden.

Überbetonung von Rationalität und Kontrolle: Bindungsvermeidende Eltern neigen dazu, pragmatische oder rationale Lösungsansätze zu bevorzugen, statt emotionale Bedürfnisse anzuerkennen.

Wenig körperliche Zuneigung: Während das Baby oft intuitiv umsorgt wird, kann es für den Partner schwieriger sein, emotionale oder körperliche Nähe zu bekommen.

▶ Wie können sich bindungsvermeidende Eltern besser in die Elternrolle einfügen?

Bewusstsein für das eigene Bindungsmuster schaffen: Sich selbst erlauben, emotionale Herausforderungen wahrzunehmen und als Teil des Bindungsprozesses zu betrachten (Mikulincer & Shaver, 2016).

Schrittweise Annäherung an emotionale Nähe: Sich bewusst kleine Momente der Nähe mit dem Partner und dem Kind setzen, um Bindung in einem machbaren Tempo zu entwickeln (Johnson, 2019).

Den eigenen Autonomiebedarf mit dem Partner besprechen: Anstatt sich distanziert zu verhalten, können bindungsvermeidende Eltern ihre Bedürfnisse klar äußern: „Ich brauche etwas Zeit für mich, aber ich bin da, wenn du mich brauchst".

Intimität als Teamleistung sehen: Bindungsvermeidung in der Elternschaft bedeutet nicht, dass emotionale Nähe unmöglich ist – es hilft, sich als Team zu sehen, das gemeinsam Lösungen findet (Siegel, 2020).

Reflexionsfrage

„Wie kann ich als bindungsvermeidender Elternteil bewusster mit Nähe und Distanz umgehen, um meine Beziehung zu stärken?"

Wie man als Paar reagiert, ohne in destruktive Muster zu fallen

Wenn in der Partnerschaft unterschiedliche Bindungsmuster aufeinandertreffen – etwa ein verlustängstlicher und ein bindungsvermeidender Elternteil, kann dies leicht zu Missverständnissen und destruktiven Reaktionen führen. Doch es gibt Wege, diese Dynamiken bewusst zu durchbrechen und eine stabilere Beziehung zu fördern (Johnson, 2019).

Die eigenen Bindungsmuster erkennen und benennen

Paare sollten sich bewusst machen, welche Muster sie in Stresssituationen aktivieren. Wer sich in Streitigkeiten zurückzieht oder wer mehr Nähe sucht, sollte erkennen, dass es sich um erlernte Reaktionen handelt (Mikulincer & Shaver, 2016).

Der erste Schritt zur Veränderung ist das gemeinsame Erkennen dieser Muster, ohne sich gegenseitig die Schuld zu geben.

▸ Emotionsregulation als Paar üben

Stress verstärkt oft bestehende Bindungsmuster. Sich in hitzigen Momenten bewusst zu machen, dass die Emotionen oft aus früheren Erfahrungen stammen, kann helfen, die Eskalation zu vermeiden (Siegel, 2020).

Einfache Atemübungen oder kurze Pausen, bevor eine Diskussion eskaliert, können helfen, den eigenen emotionalen Zustand zu stabilisieren.

▸ Die Perspektive des Partners einnehmen

Statt nur auf die eigene Reaktion zu achten, hilft es, sich aktiv in die Emotionen des Partners hineinzuversetzen.

Fragen wie „Wie fühlst du dich gerade wirklich?“ oder „Was brauchst du von mir in diesem Moment?“ können Missverständnisse verhindern und neue Nähe schaffen (Gottman & Gottman, 2017).

▶ Gemeinsame Lösungen erarbeiten, statt in alte Muster zu verfallen

Paare sollten sich als Team verstehen und gemeinsam Wege finden, um Bindung zu stärken, ohne den jeweils anderen zu überfordern.

Wenn ein bindungsvermeidender Elternteil mehr Abstand braucht, kann das bewusst kommuniziert werden, etwa mit: „Ich brauche gerade etwas Zeit für mich, aber ich bin da, wenn du mich brauchst."

Ein verlustängstlicher Elternteil kann lernen, Vertrauen in die Beziehung zu entwickeln, anstatt sofort Nähe einzufordern, wenn Unsicherheiten aufkommen.

▶ Rituale für emotionale Verbindung etablieren

Regelmäßige Rituale wie ein kurzer täglicher Check-in („Wie geht es dir heute?") oder gemeinsame Momente ohne Ablenkung können helfen, emotionale Nähe zu erhalten, selbst wenn das Stresslevel hoch ist (Feeney & Collins, 2014).

Berührungen, Umarmungen oder auch nur bewusste Blicke signalisieren Verbundenheit, auch wenn intensive Gespräche gerade nicht möglich sind.

Reflexionsfrage

„Wie können wir als Paar bewusster mit unseren Bindungs-mustern umgehen, um uns gegenseitig besser zu verstehen und zu unterstützen"

ÜBUNG

Unser Bindungskompass

Wie wir als Eltern reagieren

▶ **Ziel:**

Diese Übung hilft euch als Paar, euren Bindungsstil in der Elternrolle bewusster wahrzunehmen und zu reflektieren, wie ihr als Eltern auf Stress und emotionale Herausforderungen reagiert.

▶ **Anleitung:**

Reflektiert eure ersten Reaktionen in stressigen Situationen mit eurem Kind:

- Wenn euer Baby weint, seid ihr eher sofort bei ihm oder wartet ihr kurz ab?
- Fühlt ihr euch innerlich ruhig oder angespannt, wenn euer Kind untröstlich ist?
- Sprecht ihr über eure Unsicherheiten oder versucht ihr, sie allein zu bewältigen?

▶ **Identifiziert euer Verhalten anhand der Bindungstypen:**

Sicher gebunden: Ihr könnt Stress und Unsicherheiten ansprechen, vertraut auf eure Fähigkeiten als Eltern und unterstützt euch gegenseitig.

Verlustängstlich: Ihr macht euch schnell Sorgen, ob ihr alles „richtig" macht, und braucht viel Bestätigung von eurem Partner oder äußeren Quellen.
Bindungsvermeidend: Ihr tendiert dazu, euch in Stresssituationen zurückzuziehen oder Probleme rational zu lösen, statt über Emotionen zu sprechen.

▶ **Besprecht gemeinsam:**

- Wann fühlen wir uns als Eltern am sichersten?
- Wann geraten wir in Stress und welche alten Muster tauchen dann auf?
- Wie können wir uns gegenseitig unterstützen, um unserem Kind Sicherheit zu geben?

☞ **Erkenntnis: Ihr könnt euch gegenseitig helfen, eure Bindungsmuster bewusster wahrzunehmen und einen gemeinsamen Weg finden, um eure emotionale Verbindung als Eltern zu stärken.**

Praxisbeispiel Marie & Tom

Zwei verschiedene Bindungswelten als Eltern

Marie und Tom sind überglücklich über die Geburt ihrer Tochter Ella. Doch schon nach wenigen Wochen merken sie, dass sie sehr unterschiedlich mit den Herausforderungen des Elternseins umgehen.

Marie, die als Kind wenig emotionale Sicherheit erfahren hat, sorgt sich ständig um Ella. Sie kontrolliert mehrmals in der Nacht, ob ihr Baby atmet, und fühlt sich oft überwältigt von der Verantwortung. Wenn Ella weint, ist sie sofort da – aber gleichzeitig verunsichert sie jeder kleinste Hinweis darauf, dass sie etwas „falsch" machen könnte.

Tom hingegen hat gelernt, Emotionen eher für sich zu behalten. In stressigen Momenten zieht er sich zurück und konzentriert sich auf praktische Lösungen. Wenn Marie panisch ist, versucht er, sie mit rationalen Argumenten zu beruhigen: „Das Baby ist satt, die Windel ist frisch – es gibt keinen Grund, sich Sorgen zu machen." Doch statt ihr zu helfen, fühlt sich Marie dadurch noch unverstandener.

Nach mehreren intensiven Gesprächen erkennen sie, dass ihre jeweiligen Bindungsmuster in der Elternschaft besonders sichtbar werden. Marie hat eine verlustängstliche Tendenz – sie sucht viel Bestätigung und fühlt sich schnell unsicher. Tom hingegen zeigt bindungsvermeidende Muster – er reguliert sich selbst durch Rückzug und Rationalität.

Durch bewusste Reflexion lernen sie, sich gegenseitig besser zu verstehen. Marie versucht, sich selbst zu beruhigen, bevor sie Toms Unterstützung einfordert. Tom wiederum übt sich darin, mehr auf Maries emotionale Bedürfnisse einzugehen und nicht sofort nach pragmatischen Lösungen zu suchen.

Reflexionsfrage

„Wie reagieren wir als Eltern in stressigen Situationen? Gibt es Unterschiede zwischen uns und wie können wir einander darin unterstützen?"

BINDUNGSSICHERE KOMMUNIKATION

SO VERMEIDET IHR ESKALATIONEN

Die Qualität unserer Beziehung wird nicht durch das Fehlen von Konflikten bestimmt, sondern durch die Art und Weise, wie wir miteinander sprechen, wenn sie entstehen.

– Dr. Sue Johnson

Nach der Geburt eines Kindes verändert sich die Kommunikation zwischen Partnern oft grundlegend. Die gemeinsame Zeit nimmt ab, der Stresspegel steigt und Gespräche drehen sich häufig um organisatorische Fragen. In dieser neuen Dynamik fällt es vielen Paaren schwer, sich weiterhin emotional verbunden zu fühlen (Gottman & Gottman, 2017). Doch eine sichere und verständnisvolle Kommunikation ist der Schlüssel, um Konflikte zu vermeiden und eine starke Partnerschaft aufrechtzuerhalten.

Bindungssichere Kommunikation bedeutet, dem Partner ein Gefühl von Sicherheit und Verständnis zu vermitteln – auch in schwierigen Momenten. In diesem Kapitel geht es darum, wie Gespräche über Sorgen und Stress sicher geführt werden können, ohne dass sie in Eskalation oder Rückzug enden.

Wie Gespräche über Sorgen und Stress sicher geführt werden

In stressigen Phasen reagieren viele Paare entweder mit Streit oder mit Schweigen. Beide Reaktionsmuster sind Teil eines emotionalen Schutzmechanismus, können aber langfristig zu Distanz führen (Mikulincer & Shaver, 2016). Hier sind bewährte Strategien, um schwierige Gespräche emotional sicher zu gestalten:

1. Der richtige Zeitpunkt und Rahmen
Gespräche über ernste Themen sollten nicht zwischen Tür und Angel stattfinden. Ein bewusst gewählter ruhiger Moment, in dem beide Partner ansprechbar sind, ist essenziell.

Besonders bei Stresssituationen hilft es, sich gegenseitig zu fragen: „Ist jetzt ein guter Zeitpunkt für dieses Gespräch?" (Feeney & Collins, 2014).

2. Aktives Zuhören als Basis für Sicherheit
Anstatt sofort Lösungen vorzuschlagen oder sich zu verteidigen, hilft es, wirklich zuzuhören.

Das bedeutet, die Emotionen des Partners zu spiegeln: „Ich verstehe, dass du dich überfordert fühlst" statt „Das ist doch nicht so schlimm".

Augenkontakt, Nicken oder kurze Bestätigungen signalisieren Interesse und Verstehen (Gottman & Gottman, 2017).

3. Ich-Botschaften statt Vorwürfen nutzen
Sätze wie „Du hörst mir nie zu!" lösen oft Widerstand aus. Stattdessen helfen Ich-Botschaften: „Ich fühle mich oft übergangen, wenn ich über meinen Tag sprechen möchte."

Dadurch wird das Gespräch weniger konfrontativ und fördert einen offenen Austausch (Rogers, 1961).

4. Stresssignale des Partners wahrnehmen und regulieren
Hohe emotionale Erregung erschwert konstruktive Gespräche. Wenn einer der Partner sich überwältigt fühlt, kann eine Pause helfen, um die Emotionen zu beruhigen (Porges, 2011).

Gemeinsame Beruhigungsstrategien wie tiefe Atmung oder ein kurzer Spaziergang können helfen, aus der Stressspirale auszubrechen.

5. Lösung statt Eskalation: Gemeinsames Problemlösen
Nach der Klärung von Emotionen kann es hilfreich sein, gemeinsam Lösungen zu finden.

Fragen wie „Was können wir tun, damit du dich sicherer fühlst?" fördern eine kooperative Haltung.

Dabei sollte vermieden werden, dass einer der Partner das Problem allein lösen muss – es geht um Teamarbeit.

Reflexionsfrage

„Wie sprechen wir als Paar über Stress? Können wir unseren Kommunikationsstil so anpassen, dass wir uns gegenseitig mehr Sicherheit geben?"

Die Rolle von „Kuschel- und Bindungshormon" Oxytocin für eure Beziehung

Oxytocin, oft als „Kuschelhormon" oder „Bindungshormon" bezeichnet, spielt eine wesentliche Rolle für emotionale Nähe und Vertrauen in Beziehungen. Es wird besonders in Momenten der körperlichen Zuwendung, wie Berührungen, Umarmungen oder beim Stillen, ausgeschüttet (Carter, 2014). Dieses Hormon fördert nicht nur die elterliche Bindung zum Kind, sondern auch die emotionale Verbindung zwischen Partnern.

Warum ist Oxytocin für die Beziehung wichtig?

Es fördert Gefühle von Vertrauen, Sicherheit und emotionaler Intimität (Feldman, 2012).

Es reduziert Stress und Angst, indem es das Nervensystem beruhigt (Uvnas-Moberg, 2003).

Es verstärkt die positive Wahrnehmung des Partners und verringert das Konfliktrisiko (Gordon et al., 2010).

Wie wird Oxytocin ausgeschüttet?

Berührungen und Umarmungen: Schon 20 Sekunden körperlicher Kontakt können den Oxytocinspiegel messbar erhöhen.

Körperliche Intimität: Sexualität, aber auch einfache Gesten wie Händchenhalten oder Kuscheln, fördern die Oxytocin-Produktion.

Blickkontakt und liebevolle Worte: Auch emotionale Nähe ohne physischen Kontakt kann die Ausschüttung steigern.

Gemeinsames Lachen und soziale Interaktionen: Freude und Verbundenheit im Alltag spielen eine Rolle für den Oxytocinspiegel (Young & Wang, 2004).

Oxytocin bewusst nutzen, um die Partnerschaft zu stärken

Rituale der Nähe etablieren: Ein bewusstes Gute-Nacht-Küsschen oder eine morgendliche Umarmung können helfen, die emotionale Verbindung im Alltag zu pflegen.

Stress gemeinsam abbauen: Gemeinsame Aktivitäten, die Freude bereiten (z. B. Spaziergänge, Massagen, ruhige Gespräche), steigern das Wohlbefinden.

Achtsame Kommunikation praktizieren: Sich bewusst Zeit für ein wertschätzendes Gespräch nehmen, ohne Ablenkungen wie Smartphones oder Haushaltspflichten.

Reflexionsfrage

„Wann haben wir uns das letzte Mal bewusst Zeit für körperliche und emotionale Nähe genommen? Wie können wir diese Momente im Alltag verstärken?“

Techniken zur Förderung einer sicheren Elternbindung

Die Forschung zur Bindung und Emotionsregulation zeigt, dass emotionale Sicherheit ein zentraler Bestandteil gesunder Beziehungen ist – sowohl in der Partnerschaft als auch in der Eltern-Kind-Bindung (Cassidy & Shaver, 2016). Wer sich in seiner Beziehung sicher fühlt, kann Konflikte besser bewältigen, schwierige Emotionen regulieren und in herausfordernden Zeiten mit mehr Stabilität reagieren.

Eine enge emotionale Verbindung zwischen Eltern beeinflusst nicht nur die Partnerschaft positiv, sondern auch das Wohlbefinden des Kindes. Eltern, die achtsam mit den eigenen und den Emotionen des Partners umgehen, sind in der Lage, eine feinfühlige und liebevolle Umgebung für ihr Kind zu schaffen (Siegel & Bryson, 2018).

Zugang zu verletzlichen Emotionen schaffen

Stressige Situationen oder Konflikte im Elternalltag führen oft dazu, dass Partner in Abwehrmechanismen verfallen. Anstatt Gefühle offen zu zeigen, reagieren viele mit Rückzug, Gereiztheit oder Vorwürfen. Studien zeigen, dass es in solchen Momenten entscheidend ist, sich den verletzlichen Emotionen bewusst zuzuwenden (Gottman & Silver, 2015).

Wenn Partner beispielsweise das Gefühl haben, zu kurz zu kommen, entsteht häufig Frustration, die in Angriff oder Distanz münden kann. Eine bewusstere Ausdrucksweise hilft dabei, die zugrunde liegenden Emotionen zu kommunizieren.

☞ **Beispiel:** Anstelle von „Du kümmerst dich nicht mehr um mich" kann gesagt werden: „Ich fühle mich allein und wünsche mir mehr Nähe."

Diese Art der Kommunikation stärkt das Verständnis füreinander und verhindert Eskalationen. Sie hilft, sich gegenseitig mit Mitgefühl zu begegnen, anstatt alte Bindungsmuster zu reaktivieren, die Distanz und Unsicherheit fördern.

Emotionale Sicherheit als Basis der Eltern-Kind-Bindung
Sichere Bindung bedeutet nicht nur, dass Kinder von ihren Eltern verlässliche Fürsorge erhalten, sondern auch, dass sie lernen, ihre eigenen Emotionen gesund zu regulieren. Eine feinfühlige Eltern-Kind-Interaktion ist dafür entscheidend (Schore, 2003).

Kinder sind darauf angewiesen, dass ihre Bezugspersonen auf ihre emotionalen Signale reagieren und ihre Gefühle spiegeln. Eine sanfte Stimme, ruhige Bewegungen und liebevolle Berührungen signalisieren dem Kind Sicherheit und helfen ihm, sich selbst besser zu beruhigen.

Eltern, die in stressigen Momenten bewusst auf ihre eigene emotionale Reaktion achten, fördern nicht nur ihr eigenes Wohlbefinden, sondern auch das ihres Kindes. Das Erkennen und Annehmen der eigenen Emotionen ist der erste Schritt, um ein sicherer Anker für das Kind zu sein.

Aufarbeitung von Bindungsverletzungen in der Partnerschaft

Elternsein bringt oft alte Bindungsverletzungen aus der eigenen Kindheit oder früheren Beziehungen an die Oberfläche (Mikulincer & Shaver, 2016). Diese können sich in Form von Ängsten, Unsicherheiten oder emotionaler Distanz zeigen.

Wenn ein Elternteil sich beispielsweise nicht gehört oder wertgeschätzt fühlt, kann das unbewusst zu Konflikten führen, die nicht aus der aktuellen Situation heraus entstehen, sondern aus alten, unaufgelösten Erlebnissen.

Der bewusste Austausch über emotionale Bedürfnisse kann helfen, diese Muster zu durchbrechen und eine neue Art von Verbundenheit zu schaffen. Studien zeigen, dass Paare, die lernen, verletzliche Emotionen offen zu teilen und sich gegenseitig emotional zu unterstützen, langfristig stabilere Beziehungen führen (Johnson, 2019).

Elternschaft bietet nicht nur Herausforderungen, sondern auch die Chance zur persönlichen und gemeinsamen Weiterentwicklung. Wer bewusst an seiner emotionalen Sicherheit arbeitet, stärkt nicht nur die Partnerschaft, sondern auch die Bindung zum Kind.

Reflexionsfrage

„In welchen Situationen fällt es mir schwer, meine eigenen Emotionen bewusst wahrzunehmen und mitzuteilen? Wie kann ich in stressigen Momenten bewusster reagieren, um meinem Kind emotionale Sicherheit zu geben??“

ÜBUNG:

Der sichere Hafen

unser persönlicher Bindungsanker

Diese Übung hilft Paaren, sich gegenseitig als verlässlichen emotionalen Anker zu erleben – besonders in stressigen oder unsicheren Phasen. Sie basiert auf Techniken der emotionsfokussierten Therapie (EFT) und emotionsfokussierten Familientherapie (EFFT) (Johnson, 2019).

▶ Vorbereitung

- Setzt euch an einen ruhigen Ort, an dem ihr ungestört seid.
- Nehmt euch jeweils zehn Minuten Zeit, um über eure tiefsten Unsicherheiten und Bedürfnisse in der Beziehung nachzudenken.

Ausdruck von Bedürfnissen

- Ein Partner beginnt, indem er die Frage beantwortet: „Wann fühle ich mich in unserer Beziehung besonders sicher und verbunden?"
- Der andere Partner hört aktiv zu und spiegelt die Aussage wider: „Ich höre, dass du dich besonders sicher fühlst, wenn…".

▶ Gegenseitige Unterstützung stärken

Formuliert gemeinsam, was ihr euch in unsicheren oder stressigen Momenten voneinander wünscht.

Beispiel: „Wenn ich mich gestresst fühle, hilft es mir, wenn du mich festhältst und mir sagst, dass wir das gemeinsam schaffen."

▶ Abschluss

- Tauscht euch darüber aus, wie sich die Übung für euch angefühlt hat.
- Vereinbart, wann ihr sie erneut machen möchtet, um eure Bindung regelmäßig zu stärken.

Reflexionsfrage

„Welche konkreten Worte oder Gesten vermitteln mir ein Gefühl von Sicherheit in unserer Beziehung?

Praxisbeispiel Sarah & Max

Wie Bindungsunterschiede die Beziehung nach der Geburt belasten

Sarah (34) und Max (36) sind seit sechs Jahren ein Paar und vor sieben Monaten Eltern ihrer Tochter Emma geworden. Während sie sich früher als ausgeglichenes Team erlebt haben, haben sich in den letzten Monaten immer wieder Spannungen aufgebaut.

Sarah hat einen eher verlustängstlichen Bindungsstil. Sie sucht nach Nähe, möchte sich über ihre Sorgen austauschen und fühlt sich oft unsicher, wenn Max sich emotional distanziert. Besonders seit der Geburt von Emma fällt es ihr schwer, mit seinen Rückzügen umzugehen. Sie hat das Gefühl, dass er sich ihr entzieht, wenn sie ihn am meisten braucht. Sie macht sich Sorgen, dass er sie nicht mehr liebt oder nicht mehr so stark in der Beziehung engagiert ist.

Max hingegen tendiert zu einem bindungsvermeidenden Stil. Er fühlt sich schnell überfordert, wenn Sarah emotionale Nähe einfordert, und hat das Bedürfnis, sich zurückzuziehen. Nach einem anstrengenden Arbeitstag will er abschalten und nicht über emotionale Themen sprechen. Für ihn bedeutet Liebe nicht zwangsläufig ständigen Austausch – vielmehr zeigt er seine Zuneigung, indem er sich um praktische Dinge kümmert, wie das Organisieren von Rechnungen oder das Einkaufen.

Doch Sarah interpretiert seinen Rückzug als Desinteresse, während er sich von ihren ständigen Nachfragen bedrängt fühlt.

Der eskalierende Konflikt

An einem Abend nach einem langen Tag mit Emma, in dem Sarah sich besonders erschöpft fühlte, sagt sie zu Max: „Ich habe das Gefühl, dass du mich überhaupt nicht mehr wahrnimmst. Ich brauche deine Nähe, aber du bist nur noch mit deinem eigenen Kram beschäftigt."

Max seufzt und antwortet genervt: „Ich kann doch nicht ständig nur über Gefühle reden. Ich mache doch genug für uns als Familie, aber das reicht dir ja nie."

Sarah wird emotional: „Ich will doch nur, dass du mich verstehst! Du ziehst dich immer zurück, wenn es mir schlecht geht. Ich brauche dich doch gerade jetzt!"

Max fühlt sich bedrängt und überfordert. Er verlässt das Wohnzimmer und zieht sich in ein anderes Zimmer zurück. Für Sarah ist dies der schlimmste Moment – sie fühlt sich verlassen und weint. Max hingegen ist frustriert und hat das Gefühl, dass er es ihr nie recht machen kann.

Wie sie ihre Bindungsmuster erkennen und verändern

Nach mehreren Eskalationen entschließen sich Sarah und Max, bewusster an ihrer Kommunikation zu arbeiten und ihre Bindungsmuster zu reflektieren:

1. Erkenntnis der eigenen Muster

Sarah erkennt, dass sie in Momenten von Stress oder Unsicherheit dazu neigt, Nähe einzufordern, weil sie sich damit sicherer fühlt. Max versteht, dass sein Rückzug Sarahs Ängste verstärkt, auch wenn er sich damit nur selbst schützen will.

2. Anwendung von bindungsbasierenden Techniken

Mit Hilfe von bindungsbasierten Techniken beginnen sie, ihre Kommunikation zu verändern:

- ***Benennen von Emotionen ohne Schuldzuweisung***

  Sarah sagt: „Ich fühle mich manchmal allein, wenn du dich zurückziehst. Ich brauche dich in diesen Momenten."

  Max antwortet: „Ich merke, dass ich mich oft verschließe, wenn ich mich überfordert fühle. Es ist nicht, weil ich dich nicht liebe, sondern weil ich nicht weiß, wie ich anders damit umgehen soll."

- ***Schaffung eines sicheren Hafens***

  Sie setzen sich bewusst zusammen und nehmen sich zehn Minuten täglich, um zu reflektieren, wie sie sich fühlen.

  Sarah lernt, nicht sofort panisch zu reagieren, wenn Max Zeit für sich braucht, sondern ihm diese zuzugestehen.

Max hingegen bemüht sich, nicht sofort aus Gesprächen auszusteigen, sondern zumindest zu signalisieren: „Ich brauche gerade eine Pause, aber ich komme gleich wieder zu dir."

▶ ***Stärkung der positiven Momente***
Sie führen das Ritual ein, sich abends ein kleines, positives Erlebnis des Tages zu erzählen, um die emotionale Verbindung bewusst zu stärken.

☞ ***Das Ergebnis***
Nach einigen Wochen der bewussten Veränderung bemerken Sarah und Max eine deutliche Verbesserung ihrer Beziehung.

Sarah fühlt sich weniger verzweifelt, weil sie weiß, dass Max sich nicht zurückzieht, um sie zu verletzen.

Max fühlt sich sicherer, weil er verstanden wird und mehr Raum für seine eigene Art der Stressbewältigung bekommt.

Ihre Gespräche verlaufen ruhiger, und sie haben gelernt, ihre Bindungsmuster aktiv zu reflektieren und anzupassen.

Reflexionsfrage

„Wie können wir als Paar bewusster mit unseren unterschiedlichen Bindungsmustern umgehen, um uns gegenseitig Sicherheit zu geben?

DIE WEITERGABE DER BINDUNGSMUSTER

Unsere Vergangenheit bestimmt nicht unsere Zukunft – aber sie beeinflusst sie, solange wir sie nicht bewusst hinterfragen.

– Dr. Daniel Siegel

Elternschaft bedeutet weit mehr als die biologische Weitergabe von Genen. Während genetische Veranlagungen durchaus eine Rolle spielen, sind es vor allem die emotionalen Erfahrungen in der frühen Kindheit, die die Entwicklung eines Menschen prägen (Bowlby, 1988). Säuglinge kommen mit einem grundlegenden Bedürfnis nach Sicherheit und Verbundenheit zur Welt – und sie lernen von Beginn an, wie Beziehungen funktionieren (Cassidy & Shaver, 2016). Ihre ersten Bindungserfahrungen bestimmen, wie sie sich selbst, andere und die Welt wahrnehmen.

Kinder nehmen feinfühlig wahr, wie ihre Eltern auf Stress reagieren, wie sie Nähe zulassen oder vermeiden und wie sie mit Konflikten umgehen. Diese frühen Erlebnisse werden tief im emotionalen Gedächtnis verankert und formen das individuelle Bindungsmuster eines Kindes (Ainsworth et al., 1978). Die Forschung zeigt, dass Eltern oft unbewusst ihre eigenen Bindungsmuster an die nächste Generation weitergeben – sei es durch emotionale Feinfühligkeit oder durch wiederkehrende Stressreaktionen (Main et al., 1985).

Studien belegen, dass diese Weitergabe auf drei Hauptwegen geschieht:

Unbewusste Wiederholung: Eltern, die in ihrer eigenen Kindheit unsichere oder ambivalente Bindung erfahren haben, neigen dazu, ähnliche Dynamiken mit ihren eigenen Kindern zu reproduzieren. Wer emotionale Vernachlässigung erlebt hat, kann unbewusst distanziert oder übermäßig fordernd in der Elternrolle reagieren (Main & Hesse, 1990).

Feinfühligkeit und Co-Regulation: Eltern, die eine sichere Bindung entwickelt haben oder sich aktiv damit auseinandersetzen, können bewusster auf die emotionalen Bedürfnisse ihres Kindes eingehen. Feinfühligkeit bedeutet, Signale des Kindes wahrzunehmen und angemessen darauf zu reagieren. Dabei geht es nicht um Perfektion, sondern um ein wiederholtes Bemühen, dem Kind Sicherheit und emotionale Präsenz zu vermitteln (Siegel, 2020).

Bewusste Veränderung: Bindungsmuster sind nicht in Stein gemeißelt. Eltern, die sich ihrer eigenen Erfahrungen bewusst sind, können gezielt daran arbeiten, destruktive Muster zu durchbrechen und eine neue Art der Beziehungsgestaltung zu wählen (Siegel & Hartzell, 2003).

☞ **Bindung ist kein Schicksal – sondern ein Prozess!**

Die eigene Vergangenheit muss uns nicht definieren. Auch wenn wir selbst unsichere Bindungserfahrungen gemacht haben, können wir lernen, neue sichere Bindungsmuster zu entwickeln. Elternsein gibt uns die Möglichkeit, alte Verletzungen nicht weiterzugeben, sondern bewusste Veränderungen zu gestalten.

Wie Eltern emotionale Wunden aus der Kindheit nicht an ihr Baby weitergeben

Jede Generation hat die Möglichkeit, alte Muster zu durchbrechen und einen neuen sicheren Bindungsweg zu gestalten. Die bewusste Auseinandersetzung mit der eigenen Kindheit und die Reflexion eigener emotionaler Wunden sind ein entscheidender Schritt, um unser Kind nicht mit unbewältigten Themen aus der Vergangenheit zu belasten (Siegel & Hartzell, 2003).

Bewusstsein für eigene Bindungserfahrungen schaffen
Eltern sollten sich fragen: Welche Erfahrungen aus meiner Kindheit prägen mich heute? Wann fühle ich mich in meiner Elternrolle besonders unsicher oder getriggert?

Sich mit den eigenen Bindungsmustern auseinanderzusetzen, kann helfen, alte Ängste zu entlarven und bewusster zu handeln (Main & Hesse, 1990).

Eigene emotionale Reaktionen reflektieren
Eltern sollten darauf achten, wie sie in Stresssituationen reagieren – ob sie sich zurückziehen, schnell gereizt werden oder in Angst geraten.

Bewusstes Atmen und Achtsamkeitsübungen können helfen, in herausfordernden Momenten präsenter zu bleiben und nicht impulsiv aus alten Mustern heraus zu handeln (Siegel, 2012).

Die Bedeutung von „Good Enough Parenting"
Perfekte Eltern gibt es nicht – aber emotional anwesende Eltern schon. Studien zeigen, dass es nicht darauf ankommt, immer alles richtig zu machen, sondern darauf, dass wir immer wieder bewusst in Verbindung mit unserem Kind treten (Winnicott, 1953).

Sich selbst Fehler zu verzeihen und nach Momenten der Distanz immer wieder auf das Kind zuzugehen, fördert eine stabile Bindung.

Bindungsfördernde Rituale schaffen
Gemeinsame Rituale wie sanfte Berührungen, beruhigende Worte oder aufmerksames Zuhören signalisieren dem Kind Sicherheit.

Einfache Routinen wie eine gemeinsame Kuschelzeit am Abend oder regelmäßige kurze Gespräche über den Tag fördern die emotionale Verbindung.

Unterstützung suchen
Bindungsarbeit ist kein einsamer Prozess. Therapeutische Unterstützung, Workshops oder der Austausch mit anderen Eltern können helfen, bewusste Veränderungen anzustoßen und alte Muster aufzulösen.

Traumasensible Begleitung, vor allem wenn sie auf der Bindungsebene ansetzt Therapie kann Eltern helfen, ihre eigenen Bindungsverletzungen zu verarbeiten und eine neue emotionale Sicherheit aufzubauen (Johnson, 2019).

Reflexionsfrage

„Welche meiner eigenen Bindungserfahrungen möchte ich bewusst nicht an mein Kind weitergeben? Welche positiven Erfahrungen möchte ich weitertragen?“

Wie Eltern ihre eigenen Bindungsverletzungen heilen können, während sie erziehen

Elternsein bringt nicht nur Herausforderungen mit sich, sondern auch eine große Chance zur eigenen Heilung. Durch die bewusste Reflexion und die Auseinandersetzung mit alten Wunden können Eltern nicht nur sich selbst, sondern auch ihren Kindern eine sicherere emotionale Basis bieten (Siegel & Hartzell, 2003).

Selbstmitgefühl entwickeln

Viele Eltern erleben Schuldgefühle oder Zweifel über ihre eigenen Bindungserfahrungen. Selbstmitgefühl bedeutet, sich diese Gefühle einzugestehen, ohne sich dafür zu verurteilen.

Sich bewusst zu sagen: „Ich mache das Beste, was ich kann, und ich darf mich weiterentwickeln", fördert emotionale Stabilität (Neff, 2011).

Eigene emotionale Trigger erkennen

Situationen, in denen man überreagiert oder sich zurückzieht, können Hinweise auf alte emotionale Wunden sein.

Das Führen eines Reflexionstagebuchs kann helfen, Muster zu erkennen und bewusster mit ihnen umzugehen.

Unterstützung annehmen

Der Austausch mit anderen Eltern, therapeutische Begleitung oder bindungsorientierte Beratung können helfen, tiefere emotionale Verletzungen zu verstehen und zu verarbeiten. Besonders eine bindungstraumasensible Begleitung – wie ich sie in meiner Arbeit anbiete – unterstützt Eltern dabei, frühere Erfahrungen zu reflektieren, innere Muster bewusst zu machen und neue, sichere Bindungswege zu gehen (Johnson, 2019).

Neue, bewusste Bindungsmuster schaffen

Durch kleine bewusste Veränderungen – etwa häufiger Blickkontakt, ein achtsames Zuhören oder das aktive Zeigen von Empathie – können alte Muster langsam durchbrochen werden. Bindung ist kein statischer Zustand, sondern eine lebenslange Entwicklung, die mit bewussten Entscheidungen gefördert wird.

Reflexionsfrage

„Welche bewussten Schritte kann ich gehen, um alte Bindungsmuster zu hinterfragen und mich selbst sowie mein Kind in emotionaler Sicherheit zu stärken?"

ÜBUNG

Mein inneres Kind und ich

Reflexion der eigenen Bindungserfahrungen

▶ **Ziel:**

Diese Übung hilft Eltern, ihre eigenen Bindungserfahrungen zu reflektieren und bewusst zu entscheiden, welche Werte und Muster sie an ihr Kind weitergeben möchten.

▶ **Anleitung:**

- ***Ruhe finden***
  Nimm dir einen ruhigen Moment für dich, schließe die Augen und atme tief durch.
- ***Reise in die eigene Kindheit***
  Stell dir vor, du begegnest deinem jüngeren Ich – vielleicht als Kleinkind oder Schulkind.
- ***Beobachte es:***
  - Wie fühlt sich dieses Kind?
  - Welche Ängste oder Sorgen hat es?
  - Was hätte es damals gebraucht, um sich sicher und geliebt zu fühlen?
- ***Schreibe deinem inneren Kind einen Brief***
  Formuliere in wenigen Sätzen, was du diesem jüngeren Ich heute sagen würdest. Zum Beispiel:
  „Du bist wertvoll, so wie du bist."
  „Ich sehe dich und verstehe deine Gefühle."
  „Du bist nicht allein."

- ***Übertragung in die Gegenwart***
  Überlege, wie diese Botschaften dein heutiges Elternsein beeinflussen können:
  - Welche positiven Erfahrungen möchtest du bewusst weitergeben?
  - Welche Muster möchtest du bewusst durchbrechen?
  - Wie kannst du deinem eigenen Kind das geben, was du vielleicht selbst vermisst hast?

☞ **Warum diese Übung hilft:**
Durch die bewusste Auseinandersetzung mit der eigenen Bindungsgeschichte gelingt es Eltern, aus alten Mustern auszubrechen und ihre elterliche Feinfühligkeit zu stärken (Siegel & Hartzell, 2003).

Praxisbeispiel Lisa & Marco

Die Angst, alte Muster zu wiederholen

Lisa hatte eine eher distanzierte Kindheit. Ihre Eltern waren liebevoll, aber emotional wenig greifbar. Konflikte wurden eher ignoriert, anstatt offen besprochen. Als sie Mutter wurde, bemerkte sie, dass sie sich manchmal von ihrem weinenden Baby zurückzog – nicht, weil sie es nicht liebte, sondern weil sie sich hilflos fühlte.

Ihr Partner Marco hingegen wuchs in einer sehr engen Familie auf. Seine Eltern zeigten viel Zuneigung, manchmal fast übermäßig. Er neigte dazu, Lisa mit Nähe zu überfordern, wenn er spürte, dass sie sich emotional zurückzog.

Nach mehreren Gesprächen wurde ihnen klar, dass sie unbewusst ihre eigenen Bindungsmuster in ihre Elternschaft übertrugen. Lisa begann, sich bewusst mit ihren Emotionen auseinanderzusetzen, anstatt sich zu verschließen. Marco lernte, Lisa in ihrem Tempo zu begleiten, anstatt sie zu drängen.

Durch diese bewusste Reflexion gelang es ihnen, einen neuen gemeinsamen Weg für ihre Familie zu finden – einen, der nicht von alten Mustern, sondern von bewusster Verbindung geprägt war.

Reflexionsfrage

„Welche unbewussten Bindungsmuster aus meiner eigenen Kindheit erkenne ich in meiner Elternschaft? Wie kann ich sie bewusst gestalten, anstatt sie unreflektiert weiterzugeben?“

DIE KRAFT DER CO-REGULATION
WARUM BABYS EURE EMOTIONALE SICHERHEIT BRAUCHEN

Eltern sind der emotionale Kompass ihrer Kinder -
sie zeigen ihnen, wie Sicherheit,
Trost und Liebe sich anfühlen.

– Dr. Daniel Siegel

Die ersten Monate und Jahre im Leben eines Kindes sind geprägt von intensiven Emotionen, Unsicherheiten und einer starken Abhängigkeit von den Bezugspersonen. Ein Baby besitzt noch keine Fähigkeit zur Selbstregulation – es kann sich nicht alleine beruhigen, wenn es Hunger, Angst oder Unwohlsein verspürt (Siegel & Bryson, 2012). Daher ist es vollkommen auf seine Eltern angewiesen, um Sicherheit, Geborgenheit und emotionale Stabilität zu erfahren. Erst ab dem 5ten Lebensjahr ist das Kind in der Lage sich emotional zu regulieren, jedoch auch nur, wenn es vorher Co-Regulation erlebt hat. Doch was passiert, wenn Eltern selbst in Stress geraten oder emotional überfordert sind?

Co-Regulation ist der Schlüssel. Bevor Eltern ihr Kind effektiv beruhigen können, müssen sie lernen, sich selbst emotional zu regulieren. Denn Babys nehmen nicht nur das Verhalten, sondern vor allem die Emotionen und innere Verfassung ihrer

Eltern auf (Porges, 2011). Ein gestresster, überforderter oder ängstlicher Elternteil kann unbewusst Anspannung auf das Kind übertragen – selbst wenn er oder sie es beruhigen möchte. Umgekehrt vermittelt ein ruhiger, emotional präsenter Elternteil dem Baby ein Gefühl von Sicherheit.

Wenn Eltern keine Nähe zum Kind aufbauen können
In manchen Fällen erleben Eltern – insbesondere Mütter – Schwierigkeiten, eine emotionale Verbindung zu ihrem Kind aufzubauen. Dies kann verschiedene Gründe haben, darunter eigene unverarbeitete Bindungstraumata, postpartale Depression oder extreme Erschöpfung (Muzik & Rosenblum, 2018).

Wenn Eltern keine intuitive Nähe zu ihrem Kind empfinden, kann dies nicht nur die Eltern-Kind-Bindung beeinträchtigen, sondern auch langfristige emotionale Auswirkungen auf das Kind haben.

Mögliche Ursachen für Bindungsschwierigkeiten:

Eigene unsichere Bindungserfahrungen: Eltern, die selbst wenig emotionale Nähe erlebt haben, können Schwierigkeiten haben, diese ihrem Kind zu vermitteln.

Postpartale Depression: Diese kann emotionale Distanziertheit, Schuldgefühle und das Gefühl, keine Verbindung zum Baby herstellen zu können, verstärken (Slomian et al., 2019).

Überwältigung durch Stress und Verantwortung: Wenn Eltern sich selbst völlig erschöpft fühlen, bleibt oft wenig Kapazität für emotionale Feinfühligkeit.

Lösungsansätze zur Förderung der Bindung
Bewusste emotionale Selbstregulation: Eltern sollten aktiv daran arbeiten, ihre eigenen Emotionen wahrzunehmen und Strategien zur Selbstberuhigung zu nutzen (z. B. Atemübungen, Achtsamkeit).

Körperkontakt aktiv suchen: Auch wenn die emotionale Nähe zunächst fehlt, kann bewusster Hautkontakt (z. B. Tragen des Babys, sanfte Berührungen) helfen, Bindung aufzubauen (Feldman, 2017).

Therapeutische Unterstützung in Anspruch nehmen: Bindungsorientierte Beratung oder emotionsfokussierte Therapie kann Eltern helfen, emotionale Blockaden zu lösen und eine sichere Verbindung zum Kind zu entwickeln (Johnson, 2019).

Sanfte Interaktion fördern: Babys reagieren stark auf die Stimme und Mimik der Eltern. Selbst wenn anfangs keine emotionale Nähe empfunden wird, können ruhiges Sprechen und Augenkontakt helfen, das Bindungsgefühl zu stärken.

Die biologische Basis der Co-Regulation

Die Fähigkeit zur emotionalen Regulation ist tief in unserem Nervensystem verankert. Unser autonomes Nervensystem (ANS), insbesondere das parasympathische System, steuert unsere Entspannungsfähigkeit. Wenn Eltern selbst gestresst sind, aktiviert sich ihr sympathisches Nervensystem, das den Körper auf Flucht oder Kampf vorbereitet – genau dieser Stresszustand wird unbewusst auf das Baby übertragen (Schore, 2001).

Babys verfügen noch nicht über ausgereifte Mechanismen zur Selbstberuhigung. Sie sind darauf angewiesen, dass ihre Bezugspersonen über Co-Regulation – also durch Nähe, sanfte Berührungen, beruhigende Worte und eine ausgeglichene innere Haltung – ihre emotionale Welt mitregulieren (Tronick, 2008).

Praktische Wege zur Selbstregulation für Eltern

- ***Bewusstes Atmen:*** Langsame, tiefe Atemzüge aktivieren den parasympathischen Nerv und helfen, Stress abzubauen.
- ***Selbstmitgefühl entwickeln***: Sich selbst erlauben, nicht perfekt zu sein, und kleine Fehler als Lernchancen sehen (Neff, 2011).
- ***Eigene Trigger erkennen:*** Sich bewusst machen, wann eigene Stressmuster aktiviert werden, und daran arbeiten, diese zu durchbrechen.
- ***Regelmäßige Pausen nehmen:*** Sich selbst kleine Momente der Entspannung gönnen, um nicht dauerhaft in einem Stressmodus zu bleiben.
- ***Partner oder Unterstützer einbeziehen***: Hilfe annehmen, um Überlastung zu vermeiden.

Reflexionsfrage

„Wann habe ich das letzte Mal bewusst wahrgenommen, wie meine eigene Stimmung das Verhalten meines Kindes beeinflusst? Welche kleinen Schritte kann ich gehen, um meine eigene emotionale Regulation zu verbessern?“

Bindungstraumasensible Familienberatung für eine sichere Eltern-Kind-Bindung

Die bindungstraumasensible Familienberatung bietet gezielte Ansätze, um die Eltern-Kind-Bindung zu stärken und emotionale Sicherheit zu fördern (Johnson, 2019). Eltern lernen, feinfühlig auf die emotionalen Bedürfnisse ihres Kindes einzugehen und gleichzeitig ihre eigene innere Stabilität zu festigen.

▶ Emotionale Feinfühligkeit fördern

Eltern entwickeln die Fähigkeit, die Signale ihres Kindes bewusst wahrzunehmen und einfühlsam darauf zu reagieren.

Wichtige Fragen dabei sind:

- Was braucht mein Kind gerade?
- Wie kann ich seine Emotionen spiegeln, um ihm Sicherheit zu vermitteln?

▶ Die Kraft der validierenden Sprache nutzen

Anstatt Gefühle des Kindes zu relativieren („Das ist doch nicht schlimm", hilft eine bindungsorientierte Sprache dabei, Emotionen anzuerkennen: „Ich sehe, dass du traurig bist. Ich bin hier für dich."

So erfährt das Kind, dass seine Gefühle wahr- und ernst genommen werden, was ein tiefes Gefühl von Angenommensein und Sicherheit schafft (Siegel & Bryson, 2018).

▶ Unterstützung statt Kontrolle bieten
Eltern sollten ihr Kind nicht „managen“, sondern es auf seinem emotionalen Weg begleiten.

☞ Ein Beispiel: Anstatt einem verärgerten Kind zu sagen: „Beruhige dich!“, kann eine bindungsorientierte Reaktion sein: „Ich sehe, dass du wütend bist. Magst du mir erzählen, was passiert ist?“

▶ Eigene emotionale Reaktionen regulieren
Kinder spiegeln das emotionale Verhalten ihrer Eltern. Durch bewusste Selbstregulation können Eltern eine ruhige und sichere Umgebung schaffen.
Achtsamkeitstechniken und gezielte Pausen helfen, in stressigen Momenten stabil zu bleiben, bevor auf das Kind reagiert wird.

▶ Bindungsorientierte Rituale im Alltag etablieren
Wiederkehrende Rituale wie Gute-Nacht-Routinen, gemeinsame Mahlzeiten oder liebevolle Berührungen stärken die Eltern-Kind-Bindung nachhaltig. Entscheidend ist, dass diese Rituale emotional aufgeladen sind, sodass das Kind spürt: Ich werde gesehen und bin wertgeschätzt.

▶ Frühe emotionale Begleitung durch Eltern fördert die Gehirnentwicklung ihres Kindes
Wissenschaftliche Studien zeigen, dass die Fähigkeit zur emotionalen Regulation ein zentraler Prädiktor für die kognitive und neuronale Entwicklung im Kindes- und Jugendalter ist. Eine entwicklungspsychologischen Erhebungen verdeutlicht,

dass bereits ab dem dritten Lebensjahr Unterschiede in der Gehirnentwicklung zwischen Kindern mit und ohne Unterstützung in der Emotionsregulation erkennbar sind.

Kinder, deren Bezugspersonen aktiv zur Emotionsregulation beitragen – etwa durch Co-Regulation, Validierung von Gefühlen und förderliche Beziehungsangebote – zeigen signifikant höhere Werte im sogenannten Gehirnentwicklungsindex. Diese Entwicklungslücke weitet sich mit zunehmendem Alter aus, was auf einen kumulativen Effekt frühkindlicher Unterstützung hinweist (vgl. z. B. Gross & Thompson, 2007; Eisenberg et al., 2010).

Neurowissenschaftlich wurde dieser Zusammenhang durch eine Längsschnittstudie am Max-Planck-Institut für Kognitions- und Neurowissenschaften untermauert (Hettwer et al., 2024, Nature Communications). Über mehrere Jahre hinweg begleiteten die Forschenden Jugendliche und beobachteten, dass eine Zunahme an Resilienz – verstanden als adaptive Emotions- und Stressbewältigung – mit einer verstärkten Myelinisierung im präfrontalen Kortex einherging. Diese Hirnregion ist entscheidend für exekutive Funktionen, Impulskontrolle und Emotionsregulation (vgl. Casey et al., 2000; Zelazo & Carlson, 2012). Die Ergebnisse sprechen dafür, dass die Entwicklung effizienter neuronaler Netzwerke im präfrontalen Kortex eng mit der Fähigkeit zur Emotionsregulation verknüpft ist.

Mit anderen Worten: Kinder und Jugendliche, die in ihrer Emotionsregulation durch die Eltern gestärkt werden, entwickeln nicht nur bessere Bewältigungsstrategien, sondern auch messbar reifere Strukturen im Gehirn – insbesondere in jenen Arealen, die für Selbststeuerung, soziale Kompetenz und Lernfähigkeit zentral sind.

▶ Die Bedeutung von Co-Regulation in den ersten Lebensjahren

Da Kinder bis zum fünften Lebensjahr noch nicht über eine ausgereifte Fähigkeit zur Selbstregulation verfügen, sind sie darauf angewiesen, dass ihre Eltern oder Bezugspersonen sie in herausfordernden Momenten begleiten. Diese Co-Regulation bedeutet, dass das Kind durch die beruhigende Präsenz, Stimme und Körpersprache einer vertrauten Bezugsperson lernt, mit Emotionen umzugehen. Studien zeigen, dass diese Form der emotionalen Begleitung langfristig mit besseren sozialen, kognitiven und emotionalen Fähigkeiten im Erwachsenenalter zusammenhängt (Siegel & Bryson, 2018).

Ohne diese emotionale Unterstützung kann sich ein Kind häufiger gestresst oder überfordert fühlen, was langfristig zu einer geringeren Stressresistenz und erhöhtem Risiko für emotionale Dysregulation führen kann. Dies zeigt sich nicht nur in emotionalen Schwierigkeiten, sondern auch in einer nachweisbaren Verzögerung der Gehirnentwicklung, insbesondere in den für Emotionsverarbeitung und Selbstregulation zuständigen Arealen des Gehirns (Schore, 2001).

▶ Praktische Ansätze zur Förderung der emotionalen Regulation

Emotionale Spiegelung: Eltern können die Emotionen ihres Kindes verbal benennen und validieren („Ich sehe, dass du gerade traurig bist"), um dem Kind zu helfen, seine Gefühle zu verstehen und zu akzeptieren.

Beruhigende Berührungen: Körperkontakt wie eine sanfte Umarmung oder das Halten der Hand kann Stresshormone reduzieren und Sicherheit vermitteln.

Ruhige Atmung gemeinsam üben: Eine einfache Atemtechnik („Atme tief durch, wir machen das zusammen") kann Kindern helfen, ihren Erregungszustand zu regulieren.
Verlässliche Routinen etablieren: Regelmäßige Abläufe geben Kindern Struktur und Sicherheit, was ihre Fähigkeit zur Selbstregulation unterstützt.

Reflexionsfrage

„Welche der genannten Techniken kann ich in meinen Alltag integrieren, um die Bindung zu meinem Kind bewusster und sicherer gestalten?"

ÜBUNG

Unsere Sprache der emotionalen Sicherheit

Wie wir unserem Kind Geborgenheit vermitteln

Diese Übung hilft Eltern, ihre eigene Sprache der emotionalen Sicherheit zu reflektieren und bewusster in den Alltag zu integrieren.

▶ **Bewusstes Zuhören üben:**
Nimm dir bewusst Zeit, um deinem Kind aktiv zuzuhören, ohne es zu unterbrechen oder direkt zu bewerten.

▶ **Gefühle spiegeln:**
Versuche, die Emotionen deines Kindes in Worte zu fassen, z. B.: „Ich sehe, dass du traurig bist, weil dein Turm umgefallen ist. Das ist wirklich frustrierend."

▶ **Beruhigende Worte finden:**
Welche Sätze nutzt du in Stresssituationen? Schreibe dir fünf beruhigende Sätze auf, die deinem Kind Sicherheit geben können.

▶ **Körperliche Nähe bewusst einsetzen:**
Halte sanft die Hand deines Kindes, nimm es in den Arm oder halte Blickkontakt, um Sicherheit durch Nähe zu vermitteln.

▶ **Regelmäßige Verbindungsrituale etablieren:**
Finde ein kleines tägliches Ritual, das eurer Verbindung dient – sei es ein gemeinsames Lied, eine Gute-Nacht-Geschichte oder ein Umarmungsritual.

Reflexionsfrage

„Welche Worte und Gesten kann ich in meinem Alltag nutzen, um meinem Kind aktiv emotionale Sicherheit zu vermitteln?"

Praxisbeispiel Hannah & Daniel

Elternschaft als emotionale Prüfung

Hannah und Daniel sind seit fünf Jahren ein Paar und Eltern des 18 Monate alten Jonas. Vor der Geburt ihres Sohnes hatten sie eine stabile Beziehung, in der sie sich als Team fühlten. Doch seit Jonas auf der Welt ist, haben sich viele Dynamiken verändert. Während Hannah sich zunehmend in ihre Mutterrolle vertieft, fühlt sich Daniel oft ausgeschlossen und unsicher in seiner Position als Vater.

Bindungsmuster aus der eigenen Kindheit

Hannah wuchs in einem Haushalt auf, in dem Emotionen selten offen besprochen wurden. Ihre Eltern waren fürsorglich, aber distanziert – Konflikte wurden meist vermieden. Ihr Bindungsmuster ist geprägt von einer tiefen Sehnsucht nach Sicherheit, aber auch einer gewissen Unfähigkeit, über ihre eigenen Bedürfnisse zu sprechen. Sie neigt dazu, sich emotional zurückzuziehen, wenn sie sich überfordert fühlt.

Daniel hingegen hatte eine chaotische Kindheit mit wechselnden Bezugspersonen. Seine Eltern trennten sich früh, und er entwickelte ein tiefes Bedürfnis nach Bestätigung und Zugehörigkeit. Seine Verlustangst zeigt sich vor allem in seiner starken Sehnsucht nach Nähe und Bestätigung von Hannah – doch genau das stößt bei ihr auf Widerstand.

Die Herausforderungen im Alltag

Seit Jonas geboren wurde, fühlt sich Daniel zunehmend abgelehnt. Wenn er abends nach Hause kommt, ist Hannah oft erschöpft, hat kaum noch Energie für Gespräche oder körperliche Nähe. Er versucht, sich in die Vaterrolle einzufinden, doch oft hat er das Gefühl, dass Hannah ihn korrigiert oder ihn nicht wirklich „machen lässt". Das führt zu einem Kreislauf aus Frustration: Je mehr Nähe Daniel sucht, desto mehr zieht sich Hannah zurück – und umgekehrt.

Auch Jonas spürt diese Spannungen. Besonders in Momenten, in denen er weint oder quengelt, reagiert Hannah oft gereizt, während Daniel sich hilflos fühlt. Beide haben unterschiedliche Vorstellungen davon, wie man mit Jonas Emotionen umgehen sollte. Während Hannah sich schnell überfordert fühlt und sich zurückzieht, versucht Daniel, Jonas durch intensiven Körperkontakt zu beruhigen – was jedoch nicht immer funktioniert.

Co-Regulation als Schlüssel zur Veränderung

In einer Sitzung mit einem bindungsorientierten Berater lernen Hannah und Daniel, ihre eigenen emotionalen Muster zu erkennen. Sie beginnen, ihre Bindungsverletzungen aus der Kindheit als Faktoren zu sehen, die ihr heutiges Verhalten beeinflussen. Besonders wichtig ist die Erkenntnis, dass Jonas ihre emotionale Sicherheit spürt – oder eben deren Mangel.

Der Berater zeigt ihnen, wie sie durch Co-Regulation nicht nur Jonas helfen, sondern auch sich selbst. Sie lernen, dass sie sich gegenseitig unterstützen müssen, bevor sie Jonas effektiv beruhigen können. Hannah arbeitet daran, sich in stressigen Momenten nicht zurückzuziehen, sondern Daniel in ihre

Emotionen einzubeziehen. Daniel wiederum übt, seinen eigenen Stress zu regulieren, bevor er auf Hannah oder Jonas reagiert.

Neue Wege für eine sichere Eltern-Kind-Bindung

Nach einigen Wochen bewusster Veränderung stellen beide fest, dass sich Jonas ruhiger verhält. Er weint weniger und kann sich schneller beruhigen – vor allem, wenn seine Eltern als emotional stabile Einheit auftreten. Hannah und Daniel schaffen es immer häufiger, bewusst in schwierigen Momenten innezuhalten, anstatt automatisch in ihre alten Muster zu verfallen.

Ein wichtiger Schritt war für beide die Einführung eines Abendrituals: Sie nehmen sich nun bewusst Zeit, um über ihre Gefühle zu sprechen und sich gegenseitig zu validieren. Diese neue Form der emotionalen Verbundenheit wirkt sich nicht nur auf ihre Partnerschaft aus, sondern auch auf Jonas – er wächst in einer Umgebung auf, in der Emotionen gesehen und verstanden werden.

Reflexionsfrage

„Erkennst du Parallelen zu deiner eigenen Beziehung oder Elternschaft? Welche Bindungsmuster aus deiner Kindheit beeinflussen deine Reaktionen im Umgang mit deinem Kind? Wie kannst du mit deinem Partner oder deiner Partnerin an einer bewussten Co-Regulation arbeiten? Welche kleinen Rituale können euch helfen, mehr emotionale Sicherheit im Alltag zu schaffen?"

BELASTUNG DURCH SCHLAFMANGEL, ROLLENVERTEILUNG UND UNSICHERHEITEN

Elternschaft ist die Kunst, niemals zu fallen, sondern die Fähigkeit, sich immer wieder gemeinsam aufzurichten.

– Dr. Sue Johnson

Die ersten Monate mit einem Baby sind eine Zeit intensiver Veränderungen – körperlich, emotional und partnerschaftlich. Während die Freude über das Kind überwiegt, erleben viele Eltern gleichzeitig eine nie dagewesene Erschöpfung. Schlafmangel, neue Rollenbilder und Unsicherheiten im Umgang mit dem Baby sind Herausforderungen, die nicht nur individuell belasten, sondern auch die Partnerschaft auf die Probe stellen (Siegel & Bryson, 2018).

Schlaflose Nächte führen oft zu Reizbarkeit, emotionalen Kurzschlussreaktionen und einem erhöhten Stresslevel, was sowohl das Wohlbefinden der Eltern als auch die Bindung zum Kind beeinflusst. Studien zeigen, dass chronischer Schlafmangel die emotionale Regulation erschwert und Konflikte in Beziehungen verstärken kann (Walker, 2017). Hinzu kommt, dass sich mit der Geburt eines Kindes oft traditionelle Rollenmuster verfestigen.

Während ein Elternteil (häufig die Mutter) die Hauptlast der Betreuung trägt, fühlt sich der andere Elternteil in einer neuen Rolle als Versorger oder Unterstützer oft verunsichert oder überfordert (Cassidy & Shaver, 2016).

Diese ungewohnten Herausforderungen führen nicht selten dazu, dass Eltern unter Druck geraten – sowohl in ihrer Beziehung als auch in ihrer Fähigkeit, feinfühlig auf ihr Baby einzugehen. Dabei ist eine sichere Eltern-Kind-Bindung die wichtigste Grundlage für eine gesunde emotionale Entwicklung des Kindes (Ainsworth, 1978). Doch wie gelingt es, diese Sicherheit zu vermitteln, wenn man selbst erschöpft, gestresst oder emotional belastet ist?

Ein zentraler Aspekt dabei ist die Co-Regulation – die Fähigkeit der Eltern, sich selbst emotional zu stabilisieren, bevor sie ihr Kind beruhigen (Porges, 2011). Babys können ihre Emotionen noch nicht selbst regulieren, sie brauchen die emotionale Präsenz ihrer Eltern, um sich sicher und verstanden zu fühlen. Eltern, die lernen, ihren eigenen Stress bewusst zu regulieren, schaffen eine stabilere Grundlage für ihr Kind.

Wie Stress die emotionale Verbindung beeinflusst

Stress ist eine natürliche Reaktion des Körpers auf Herausforderungen, doch wenn er chronisch wird – wie es in der frühen Elternschaft oft der Fall ist –, kann er sich negativ auf die Beziehung auswirken. Schlafmangel, ständige Verantwortlichkeiten und Unsicherheiten darüber, ob man als Eltern „alles richtig macht", können zu einer angespannten Grundstimmung führen.

Stress und das Nervensystem

Wenn wir unter Stress stehen, aktiviert unser Körper das sympathische Nervensystem – das sogenannte Kampf- oder Flucht-System (Porges, 2011). Dies kann dazu führen, dass wir schneller gereizt reagieren, in Konflikten impulsiver sind oder uns emotional zurückziehen. In einer Partnerschaft kann sich das so äußern:

- Ein Partner wird emotional distanzierter, weil er überfordert ist.
- Der andere Partner sucht verzweifelt nach Nähe und Bestätigung, was zu einem Spannungsfeld führt.
- Streitigkeiten entstehen oft nicht durch den eigentlichen Konflikt, sondern weil beide Partner sich unsicher fühlen und nicht die emotionale Unterstützung bekommen, die sie brauchen.

Stress verstärkt alte Bindungsmuster

Besonders unter Dauerstress neigen wir dazu, in unsere unbewussten Bindungsmuster zurückzufallen. Wer eher verlustängstlich ist, sucht vielleicht vermehrt nach Bestätigung, während sich jemand mit einer vermeidenden Bindungstendenz weiter zurückzieht. Das kann zu klassischen Dynamiken führen:

- ***„Warum interessierst du dich nicht mehr für mich?"*** Verlustängstliche Partner fühlen sich vernachlässigt und reagieren mit Vorwürfen oder Überforderung.
- ***„Ich kann es dir nie recht machen!"*** – Bindungsvermeidende Partner empfinden die emotionale Erwartung als Druck und ziehen sich zurück.

Dieser Kreislauf kann eine Beziehung stark belasten, wenn er nicht bewusst wahrgenommen und unterbrochen wird.

Der Einfluss von Schlafmangel auf die emotionale Verbindung

Studien zeigen, dass Schlafmangel nicht nur unsere physische Gesundheit, sondern auch unsere emotionale Regulation beeinträchtigt (Walker, 2017). Wenn wir übermüdet sind, fällt es uns schwerer, mit Konflikten umzugehen, empathisch zu reagieren oder gelassen zu bleiben.

Das führt oft dazu, dass ...

- Diskussionen schneller eskalieren.
- Partner sich unverstanden oder allein gelassen fühlen.
- Momente der Nähe und Verbundenheit vernachlässigt werden.

Wege aus dem Stress-Kreislauf

Die gute Nachricht ist: Stress ist nicht zwangsläufig destruktiv – er kann auch dazu führen, dass Paare neue Strategien entwickeln, um gemeinsam resilienter zu werden.

Hier sind einige Ansätze:

- *Bewusst innehalten:* Anstatt sofort auf einen Konflikt zu reagieren, hilft es, einen Moment innezuhalten, tief durchzuatmen und die eigene Stressreaktion wahrzunehmen.
- *Kommunikation über Bedürfnisse*: Sich gegenseitig offen mitteilen, was man braucht, anstatt aus Frust oder Erschöpfung Vorwürfe zu machen.

- *Kleine Gesten der Verbindung:* Eine Umarmung, ein bewusstes „Danke“ oder ein kurzes Gespräch über den Tag können helfen, die emotionale Nähe zu bewahren.
- *Unterstützung einholen:* Sich bewusst Hilfe holen – sei es durch Familie, Freunde oder therapeutische Begleitung – ist keine Schwäche, sondern ein wichtiger Schritt zur Selbstfürsorge.

Reflexionsfrage

„Wie reagiere ich auf Stress und wie beeinflusst das meine Beziehung? Welche kleinen Veränderungen könnte ich in meinen Alltag einbauen, um meine emotionale Verbindung trotz Belastung zu stärken ?“

Warum viele Streitigkeiten in der Frühelternzeit Bindungskrisen sind

Eltern streiten nicht nur über Windeln, schlaflose Nächte oder Hausarbeit – oft liegen tiefere emotionale Themen hinter den Konflikten. Die Geburt eines Kindes ist eine bedeutende Umbruchphase, in der viele alte Bindungsmuster aktiviert werden. Ein scheinbar banaler Streit über die richtige Wickelmethode oder die Frage, wer nachts aufsteht, kann in Wirklichkeit Ausdruck eines tieferen Themas sein: Unsicherheit, Überforderung oder das Gefühl, nicht genug zu sein (Cassidy & Shaver, 2016).

Die frühen Monate mit einem Baby bringen nicht nur körperliche Erschöpfung mit sich, sondern auch eine neue emotionale Dynamik in der Partnerschaft. Viele Eltern erleben plötzlich, dass ihre gewohnte Art der Kommunikation nicht mehr funktioniert, weil beide unter einem hohen Stresslevel stehen. Während einige versuchen, Konflikte aktiv zu lösen, ziehen sich andere zurück oder fühlen sich unverstanden.

Die Rolle von Bindungsmustern in Konflikten

Die Bindungstheorie zeigt, dass unser früh erlerntes Beziehungsmuster einen erheblichen Einfluss darauf hat, wie wir in stressreichen Phasen mit unserem Partner interagieren (Bowlby, 1988). Besonders in der Elternschaft treten diese Muster häufig verstärkt auf.

Verlustängstliche Partner neigen dazu, Nähe besonders stark zu suchen und reagieren sensibel auf Zeichen von Zurückweisung. Wenn ihr Bedürfnis nach emotionaler Bestätigung nicht erfüllt wird, kann dies zu Vorwürfen oder einem verstärkten Klammern führen. In der Früherlternzeit bedeutet das oft, dass sich ein Elternteil vernachlässigt fühlt, wenn der Fokus stark auf das Baby gerichtet ist.

Bindungsvermeidende Partner reagieren in herausfordernden Situationen oft mit Rückzug. Sie haben gelernt, ihre Emotionen eher unabhängig zu regulieren, und fühlen sich von intensiven emotionalen Anforderungen schnell überfordert. In der frühen Elternschaft kann das dazu führen, dass sie sich aus der Interaktion mit dem Baby oder dem Partner zurückziehen, weil sie Angst haben, nicht zu genügen oder weil sie sich von den vielen neuen Erwartungen erdrückt fühlen (Mikulincer & Shaver, 2016).

Diese Muster verstärken sich oft gegenseitig. Der verlustängstliche Partner sucht nach Nähe und Bestätigung, während der bindungsvermeidende Partner sich immer weiter zurückzieht. Dadurch entsteht ein Kreislauf aus Vorwürfen, Rückzug und Missverständnissen.

Unsicherheiten in der neuen Rolle als Eltern

Elternschaft ist eine neue Rolle, für die es keine perfekte Vorbereitung gibt. Viele Eltern kämpfen mit Selbstzweifeln und der Angst, Fehler zu machen. Diese Unsicherheiten werden oft unbewusst in Konflikte projiziert.

Wer das Gefühl hat, nicht genug Unterstützung vom Partner zu bekommen, reagiert möglicherweise mit Vorwürfen oder emotionaler Distanz. Beispielsweise kann die Frustration über ungleiche Aufgabenverteilung in Wirklichkeit Ausdruck eines tieferen Bedürfnisses nach Anerkennung und Wertschätzung sein.

Die neue Verantwortung kann zudem alte Ängste aktivieren, die aus der eigenen Kindheit stammen. Ein Elternteil, der selbst wenig emotionale Unterstützung erfahren hat, könnte Schwierigkeiten haben, sich in seiner neuen Rolle sicher zu fühlen. Umgekehrt kann jemand, der überbehütet wurde, Angst davor haben, nicht alles „richtig" zu machen und unter einem hohen Perfektionsdruck stehen (Siegel & Hartzell, 2003).

Wie Bindungssicherheit helfen kann

Ein sicher gebundenes Paar kann sich gegenseitig in schwierigen Momenten Halt geben. Sicherheit in der Bindung bedeutet nicht, dass keine Konflikte entstehen, sondern dass Paare lernen, sie als Chance zur Weiterentwicklung zu nutzen.

Es ist wichtig, sich bewusst zu machen, dass viele Streitigkeiten keine reinen Sachkonflikte sind, sondern emotionale Wurzeln haben. Diskussionen über Hausarbeit, Schlafmangel oder die richtige Erziehungsmethode sind oft Ausdruck eines tieferliegenden Bedürfnisses nach Anerkennung, Wertschätzung oder Nähe.

In Konflikten hilft es, nicht nur auf das Gesagte zu achten, sondern auch auf die Emotion dahinter. Geht es wirklich darum, wer das Baby wickelt, oder steckt die Angst dahinter, als Elternteil nicht ernst genommen zu werden? Ist der Streit über ungleiche Aufgabenverteilung vielleicht eher ein Ausdruck des Wunsches nach mehr Unterstützung und Zusammenhalt?

Ein bewusster Umgang mit Stress ist entscheidend, um Streitigkeiten nicht eskalieren zu lassen. Studien zeigen, dass Paare, die in der Lage sind, ihre eigenen Emotionen zu regulieren und empathisch aufeinander einzugehen, weniger in destruktiven Konfliktmustern gefangen bleiben (Schore, 2003).

Reflexionsfrage

„Welche wiederkehrenden Konflikte haben wir in unserer Beziehung seit der Geburt des Kindes? Könnte es sein, dass sie mit tieferen Bindungsthemen zusammenhängen?"

Wege, sich als Paar gegenseitig zu stützen

In Zeiten der Überforderung ist es entscheidend, dass sich Partner gegenseitig als emotionale Anker wahrnehmen. Hier sind einige bewährte Strategien, um sich als Paar in belastenden Phasen zu unterstützen:

▶ **Das Wir-Gefühl stärken**

Anstatt in getrennten Rollen als „Mutter" oder „Vater" zu verharren, ist es wichtig, die gemeinsame Basis als Paar nicht zu verlieren.

Gemeinsame Reflexionen: „Wie erleben wir diese Phase gerade? Was können wir gemeinsam tun, um sie besser zu bewältigen?"

▶ **Bewusst emotionale Unterstützung geben**
Kleine Gesten der Fürsorge, wie eine Umarmung oder ein kurzes „Ich sehe, wie viel du tust, danke!", können helfen, sich als Team zu fühlen.

Verständnis zeigen, wenn der andere sich überfordert fühlt, anstatt in gegenseitige Vorwürfe zu verfallen.

▶ **Regelmäßige Check-ins einführen**
Mindestens einmal pro Woche bewusst Zeit nehmen, um sich über die eigenen Gefühle und Bedürfnisse auszutauschen.

Fragen wie „Wie fühlst du dich diese Woche?" oder „Was brauchst du gerade von mir?" helfen, Missverständnisse zu vermeiden.

▶ **Belastung fair verteilen**
Eine klare, flexible Aufgabenverteilung verhindert das Gefühl, dass ein Partner überlastet wird.

Offen besprechen, welche Aufgaben fairer verteilt werden können, ohne dass sich einer zurückgesetzt fühlt.

Reflexionsfrage

„Welche der genannten Strategien könnten wir in unseren Alltag integrieren, um uns in herausfordernden Phasen besser zu unterstützen?"

ÜBUNG

Unser Energie-Check-in

Was brauche ich wirklich?

▶ **Ziel:**

Diese Übung hilft euch als Paar, bewusst wahrzunehmen, wie Schlafmangel und die veränderten Rollen euer Wohlbefinden beeinflussen. Durch das gemeinsame Reflektieren eurer individuellen Belastungen könnt ihr gezielt nach Lösungen suchen, die euch beide entlasten.

▶ **Anleitung:**

Setzt euch ohne Ablenkung bewusst zusammen. Jeder nimmt sich einen Zettel und einen Stift.

Schreibt spontan drei Dinge auf, die euch aktuell am meisten Energie rauben. Das können körperliche Erschöpfung, fehlende Zeit für euch selbst oder unausgesprochene Frustrationen sein.

Notiert dann drei Dinge, die euch Energie geben. Das können kleine Momente der Entlastung, eine warme Dusche, ein kurzes Gespräch oder eine unterstützende Geste des Partners sein.

Vergleicht eure Listen und sprecht darüber. Gibt es Punkte, die sich überschneiden? Gibt es Belastungen, die ihr gegenseitig reduzieren könnt?

Schließt mit einer konkreten Vereinbarung. Jeder formuliert eine Bitte an den anderen – eine kleine, machbare Veränderung, die den Alltag erleichtert.

☞ **Warum diese Übung wirkt:**

- Ihr schafft ein Bewusstsein für die eigene Erschöpfung und die des Partners.
- Ihr lernt, eure Bedürfnisse klar zu kommunizieren.
- Kleine konkrete Veränderungen können langfristig zu einer faireren Aufgabenverteilung führen.

Praxisbeispiel Anna & Jonas

Zwischen Überforderung und neuen Routinen

Anna (32) und Jonas (34) sind seit fünf Monaten Eltern ihres ersten Kindes. Die anfänglichen Wochen waren geprägt von Aufregung und Freude, doch allmählich spüren beide die Erschöpfung. Anna stillt nachts alle zwei Stunden, Jonas arbeitet früh morgens und versucht, Anna tagsüber zu entlasten – doch beide fühlen sich zunehmend überfordert.

Während Anna das Gefühl hat, alles allein zu stemmen, weil Jonas tagsüber außer Haus ist, fühlt Jonas sich hilflos, weil er nachts kaum helfen kann und tagsüber funktionieren muss. Die ständigen Erschöpfungsspitzen führen dazu, dass sich kleine Streitigkeiten häufen. Jonas fühlt sich nicht genug wertgeschätzt, während Anna sich allein gelassen fühlt.

Nach einem intensiven Gespräch entscheiden sie sich, feste Pausen einzuplanen. Jonas übernimmt die Babybetreuung morgens für eine Stunde, damit Anna eine ungestörte Ruhezeit hat. Gleichzeitig führt Anna eine Abendroutine ein, bei der Jonas das Baby in den Schlaf begleitet, sodass sie für sich einen Moment des Rückzugs hat.

Die gegenseitige Anerkennung für ihre Rollen entspannt die Lage und gibt beiden das Gefühl, gesehen und unterstützt zu werden.

Reflexionsfrage

„Was ist eine kleine Veränderung, die euren Alltag heute entlastet?"

WENN ELTERSCHAFT ANDERS BEGINNT ALS GEPLANT

Der Weg in die Elternschaft verläuft nicht immer wie geplant. Während viele werdende Eltern voller Hoffnung auf die Geburt ihres Kindes blicken, werden manche mit unerwarteten Herausforderungen konfrontiert. Eine Fehlgeburt, eine Frühgeburt oder gesundheitliche Probleme des Babys können eine tiefe emotionale Krise auslösen und die Partnerschaft auf eine harte Probe stellen. In diesen Momenten stehen Eltern unter enormem Stress – emotional, körperlich und psychisch (Blackmore et al., 2011; Bianchi et al., 2016).

Es ist wichtig zu verstehen, dass der Umgang mit diesen Belastungen nicht nur individuell geschieht, sondern auch die Dynamik in der Partnerschaft beeinflusst. Wie ein Paar gemeinsam durch diese Zeit geht, kann entscheidend für die langfristige emotionale Bindung sein – sowohl zueinander als auch zum Kind (Johnson, 2019).

Fehlgeburt, Frühgeburt oder gesundheitliche Probleme des Babys

Eine Fehlgeburt oder eine Frühgeburt ist nicht nur ein medizinisches Ereignis, sondern auch eine emotionale Erschütterung. Eltern durchlaufen oft Phasen der Trauer, Schuldgefühle, Angst und Unsicherheit (Hutti et al., 2018). Besonders herausfordernd ist es, wenn ein Baby mit gesundheitlichen Problemen geboren wird und intensive medizinische Betreuung benötigt.

- ▶ **Trauer und Verlust:** Eine Fehlgeburt oder schwere Komplikationen können Gefühle des tiefen Verlusts und der Hilflosigkeit auslösen (Kersting & Wagner, 2012).

- ▶ **Angst um das Baby:** Bei einer Frühgeburt oder gesundheitlichen Problemen dominiert die Sorge um das Wohlbefinden des Kindes (Beck & Watson, 2016).

- ▶ **Schuldgefühle:** Viele Eltern geben sich selbst oder ihrem Körper die Schuld an den Herausforderungen, was zusätzlichen emotionalen Stress erzeugen kann (Fenstermacher et al., 2016).

- ▶ **Veränderung der Paarbeziehung:** Stress, Trauer und Angst können dazu führen, dass sich Partner emotional voneinander entfernen oder unterschiedlich mit der Situation umgehen (Dyson et al., 2019).

Wie sich Krisen auf die Beziehung auswirken können

Wenn Eltern mit einer schweren Situation konfrontiert werden, reagieren sie oft unterschiedlich. Während ein Partner vielleicht das Bedürfnis hat, über seine Gefühle zu sprechen, zieht sich der andere eher zurück. Dies kann zu Missverständnissen und Konflikten führen (O'Mahen et al., 2015).

- ▶ **Unterschiedliche Trauerverarbeitung:** Während manche offen über ihren Schmerz sprechen, versuchen andere, stark zu bleiben und Emotionen zu verdrängen.

- **Gefühl der Isolation:** Wenn Partner nicht über ihre Gefühle sprechen, kann dies dazu führen, dass sich einer oder beide emotional isoliert fühlen.

- **Körperliche und mentale Erschöpfung:** Lange Krankenhausaufenthalte, Schlafmangel und chronischer Stress belasten nicht nur die Elternschaft, sondern auch die Beziehung.

Wege zur Bewältigung und gegenseitigen Unterstützung

Trotz aller Herausforderungen gibt es Wege, als Paar gemeinsam durch diese schwierige Zeit zu gehen und sich gegenseitig zu stützen:

- **Offene Kommunikation fördern**
Nehmt euch Zeit für Gespräche und akzeptiert, dass ihr möglicherweise unterschiedlich mit der Situation umgeht (Neimeyer, 2019). Ermutigt euch gegenseitig, über Gefühle zu sprechen, ohne zu bewerten oder zu urteilen.

- **Professionelle Unterstützung in Anspruch nehmen**
Gespräche mit Psychologen oder Trauerbegleitern können helfen, mit der Situation besser umzugehen (Murphy et al., 2019). Selbsthilfegruppen für Eltern in ähnlichen Situationen bieten wertvollen Austausch.

- **Gemeinsame Rituale zur Verarbeitung entwickeln**
Erinnerungsrituale, wie das Anzünden einer Kerze oder das Schreiben eines Briefes an das verstorbene Kind, können helfen, mit dem Verlust umzugehen.

Bewusst Zeit als Paar verbringen, um die emotionale Verbindung aufrechtzuerhalten.

▶ Unterstützung durch das soziale Umfeld

Familie und Freunde können helfen, indem sie praktische Unterstützung anbieten, etwa im Haushalt oder bei der Betreuung anderer Kinder (Badenhorst & Hughes, 2007).
Wichtig ist, dass Eltern sich erlauben, Hilfe anzunehmen, um nicht in völlige Erschöpfung zu geraten.

Reflexionsfrage

„Wie können wir als Paar unsere Verbindung trotz der Herausforderungen stärken und uns gegenseitig in schwierigen Momenten stützen?"

Wie Eltern mit Trauer und Überforderung umgehen, ohne sich voneinander zu entfernen

Wenn Eltern mit tiefgreifenden Verlusten oder intensiver Überforderung kämpfen, ist es entscheidend, dass sie sich nicht voneinander entfernen, sondern sich als Team wahrnehmen und stärken.

Folgende Strategien helfen dabei, auch in schwierigen Zeiten verbunden zu bleiben:

▶ Emotionale Offenheit und Akzeptanz
Es ist wichtig, sich gegenseitig Raum für individuelle Trauerreaktionen zu geben. Ein Partner mag Trost in Gesprächen finden, während der andere eher durch Rückzug verarbeitet – beide Reaktionen sind valide und verdienen Respekt (Neimeyer, 2019).

▶ Aktives Zuhören und gegenseitige Bestärkung
Auch wenn Worte manchmal fehlen, hilft es, sich bewusst zuzuhören, ohne direkt Lösungen anzubieten. Regelmäßige kleine Check-ins („Wie geht es dir heute wirklich?") fördern emotionale Nähe und reduzieren das Gefühl von Isolation.

▶ Gemeinsame Rituale zur Trauerbewältigung
Rituale wie das Anzünden einer Kerze für das verstorbene Kind oder das bewusste Feiern kleiner Fortschritte bei der Genesung des Babys können helfen, Trauer in die Beziehung zu integrieren.

Das Führen eines gemeinsamen Trauertagebuchs kann den Prozess der Verarbeitung unterstützen (Murphy et al., 2019).

▶ **Eigene Grenzen und Selbstfürsorge respektieren**
Eltern sollten sich bewusst Zeit für individuelle Verarbeitung nehmen, ohne Schuldgefühle. Selbstfürsorge ist essenziell: Kleine Pausen, ein Spaziergang oder bewusste Entlastung durch Familie und Freunde helfen, emotionale Ressourcen zu bewahren.

▶ **Gemeinsam Unterstützung suchen**
Psychologische Unterstützung durch Paartherapie oder Trauerbegleitung kann helfen, belastende Emotionen besser zu navigieren. Selbsthilfegruppen ermöglichen den Austausch mit anderen betroffenen Eltern und können Halt geben.

Trauer und Überforderung sind natürliche Reaktionen auf tiefgreifende Krisen in der Elternschaft. Entscheidend ist jedoch, wie Eltern mit diesen Gefühlen umgehen und ob sie es schaffen, sich in schweren Zeiten gegenseitig zu unterstützen. Offene Kommunikation, respektvolles Zuhören und bewusste Trauerarbeit sind essenzielle Elemente, um nicht nur als Individuen, sondern auch als Paar gestärkt aus der Krise hervorzugehen (Zeanah et al., 2018).

Reflexionsfrage

„Welche Strategien können wir als Paar nutzen, um trotz Trauer und Überforderung emotional verbunden zu bleiben?"

Unterstützung für emotionale Wunden in der Elternzeit

In herausfordernden Zeiten kann eine bindungsfokussierte und traumasensible Begleitung Eltern helfen, sich selbst und einander besser zu verstehen sowie mit emotionalen Belastungen umzugehen (Johnson, 2019). Die bewusste Auseinandersetzung mit den eigenen Emotionen stärkt nicht nur die Partnerschaft, sondern auch die Bindung zum Kind.

Bindungs- und emotionsfokussierte Paarberatung: Gemeinsam durch die Krise gehen

Bindungs- und emotionsfokussierte Paarberatung unterstützt Paare dabei, emotionale Verletzungen gemeinsam zu verarbeiten. Eine sichere emotionale Verbindung wird gefördert, indem destruktive Beziehungsmuster erkannt und durch eine tiefere, authentische Kommunikation ersetzt werden.

Besonders in der Elternzeit kann diese Art der Begleitung helfen, emotionale Distanz zu verringern und Stress oder Trauer als Paar gemeinsam zu bewältigen.

Traumasensible Begleitung für Einzelpersonen: Eigene Emotionen verstehen

Eltern profitieren davon, wenn sie sich mit eigenen emotionalen Verletzungen auseinandersetzen und ihre inneren Muster reflektieren. Das kann besonders wertvoll für Eltern sein, die eine belastende Geburt oder den Verlust eines Kindes erlebt haben und mit Ängsten oder Unsicherheiten kämpfen. Eine traumasensible Begleitung hilft, Selbstmitgefühl zu entwickeln und emotionale Stabilität für sich und die Familie aufzubauen.

Warum eine bindungs- und emotionsfokussierte sowie traumasensible Begleitung hilfreich sein kann

- Durch die bewusste Auseinandersetzung mit eigenen Emotionen lassen sich Blockaden lösen und neue gesunde Bewältigungsstrategien entwickeln.
- Sicherheit und Nähe in der Partnerschaft werden gestärkt, indem Eltern lernen, ihre Gefühle klar zu kommunizieren.
- Eine einfühlsame, bindungsorientierte Begleitung kann langfristig dazu beitragen, emotionale Verletzungen zu verarbeiten und die elterliche Resilienz zu fördern.

Reflexionsfrage

„Welche unterstützenden Strategien könnten wir nutzen, um unsere Partnerschaft und unser individuelles Wohlbefinden in herausfordernden Zeiten zu stärken?“

ÜBUNG

Wir als Team

unsere gemeinsame Resilienz stärken

Diese Übung hilft Paaren, ihre gemeinsamen Stärken zu erkennen, Belastungen aktiv anzugehen und bewusst Strategien für emotionale Widerstandskraft zu entwickeln.

▶ **Anleitung:**

1. Setzt euch gemeinsam an einen ruhigen Ort und nehmt euch 15 bis 20 Minuten Zeit.
2. Reflektiert über eine schwierige Situation in eurer Elternschaft: Wie habt ihr sie gemeinsam gemeistert?
3. Beantwortet folgende Fragen schriftlich oder im Gespräch:
   - Welche Stärken bringen wir als Paar in herausfordernden Zeiten mit?
   - Wie können wir uns in stressigen Momenten gegenseitig besser unterstützen?
   - Welche kleinen Rituale oder Verhaltensweisen helfen uns, eine starke Verbindung zu bewahren?
4. Schreibt drei konkrete Dinge auf, die ihr in den kommenden Wochen bewusst umsetzen möchtet, um eure Resilienz als Paar zu stärken.

Reflexionsfrage

„Was bedeutet Resilienz für uns als Paar, und wie können wir sie aktiv fördern?“

Praxisbeispiel Lisa & Tom

Der schwierige Start ins Elternsein

Lisa und Tom sind seit sieben Jahren ein Paar und haben sich lange ein Kind gewünscht. Als ihre Tochter Mia zur Welt kommt, ist die Freude groß, doch schon bald werden sie mit ungeahnten Herausforderungen konfrontiert. Mia kam sechs Wochen zu früh zur Welt und musste die ersten Lebenswochen auf der Neugeborenen-Intensivstation verbringen. Die ständige Sorge um ihr Baby, der Schlafmangel und die ungeklärte Rollenverteilung setzen ihre Beziehung stark unter Druck.

Emotionale Erschöpfung und die ersten Spannungen

Lisa verbringt die Tage und Nächte am Krankenhausbett ihrer Tochter, während Tom versucht, das Zuhause und die Arbeit unter einen Hut zu bekommen. Beide fühlen sich überfordert, doch anstatt sich gegenseitig Halt zu geben, entfernen sie sich zunehmend voneinander.

Lisa fühlt sich allein mit ihrer Sorge um Mia und nimmt Tom als distanziert wahr. Tom hat das Gefühl, dass er nichts richtig machen kann und zieht sich zurück. Jeder reagiert auf Stress mit seinen eigenen Bindungs-mustern: Lisa sucht mehr Nähe und Unterstützung, während Tom sich aus Angst vor weiteren Konflikten emotional abschottet.

Als Mia nach Hause darf, kommt es weiterhin zu Spannungen. Lisa übernimmt fast alle Aufgaben, weil sie denkt, Tom sei unsicher im Umgang mit dem Baby. Tom hingegen fühlt sich ausgeschlossen und resigniert. Die beiden streiten immer häufiger über Kleinigkeiten – darüber, wer nachts aufstehen soll, über die Haushaltsaufgaben und darüber, dass sie kaum noch Zeit füreinander haben.

Trauer, Schuldgefühle und der Weg zurück zur Verbindung
Lisa und Tom merken, dass ihre Kommunikation immer gereizter wird. In einer ruhigen Nacht spricht Tom endlich aus, was ihn belastet: Er hat Angst, als Vater nicht gut genug zu sein, weil Lisa ihm kaum etwas zutraut. Lisa beginnt zu weinen – sie hatte geglaubt, dass Tom sich zurückzieht, weil ihm Mia nicht wichtig ist. Stattdessen fühlt er sich überfordert und ausgeschlossen.

Zum ersten Mal sprechen sie über die tiefere Ebene ihrer Konflikte:

- *Lisa gibt zu, dass sie ständig Angst um Mia hat und sich schuldig fühlt, weil die Geburt zu früh war.*
- *Tom gesteht, dass er sich oft hilflos fühlt und deshalb aus der Situation flüchtet.*

Durch diese Erkenntnis beginnen sie, bewusster an ihrer Bindung zu arbeiten. Sie nutzen einfache EFCT-Übungen, um sich wieder emotional näherzukommen:
Tom übernimmt bewusst mehr Aufgaben mit Mia, um sich als gleichwertiger Elternteil zu fühlen. Lisa übt, Tom mehr zuzutrauen und ihn nicht unbewusst auszuschließen. Sie führen regelmäßige Check-ins ein, in denen sie offen über ihre Gefühle sprechen, ohne sich gegenseitig zu kritisieren.

Mit der Zeit lernen Lisa und Tom, dass sie sich gegenseitig nicht nur als Eltern, sondern auch als Partner stärken müssen. Durch bewusstes Zuhören, gegenseitige Anerkennung und die Arbeit an ihrer Bindung schaffen sie es, die ersten schwierigen Monate zu überstehen und ihre Beziehung als Team zu festigen.

Reflexionsfrage

„Welche Dynamiken in Lisa und Toms Geschichte kommen euch bekannt vor? Welche Strategien könnten euch helfen, eure emotionale Verbindung trotz Herausforderungen aufrechtzuerhalten?"

NÄHE, INTIMITÄT & MENTAL LOAD WIE BLEIBT DAS PAAR STARK?

Nähe ist nicht nur ein Moment,
sondern eine Entscheidung,
sich immer wieder füreinander zu öffnen.

– Brené Brown

Eltern zu werden bedeutet eine tiefgreifende Veränderung – nicht nur für den Alltag, sondern auch für die Partnerschaft. Die Nähe, die einst selbstverständlich war, kann sich nach der Geburt eines Kindes plötzlich anders anfühlen.

Zeit für Intimität wird knapper, körperliche Erschöpfung nimmt zu, und emotionale Bedürfnisse verschieben sich. Doch das bedeutet nicht, dass die Liebe oder die Anziehungskraft zwischen Partnern verloren geht – sie verändert sich einfach (Dewitte, 2016).

Während viele Paare nach der Geburt ihres Kindes Unsicherheiten bezüglich Nähe, Sexualität und emotionaler Verbundenheit erleben, ist es wichtig zu verstehen: Diese Veränderungen sind normal. Die Herausforderung besteht nicht darin, „wieder so zu sein wie vorher", sondern gemeinsam einen neuen Weg zur Nähe zu finden (Johnson, 2013).

☞ Studien zeigen, dass Intimität in langfristigen Beziehungen nicht allein von körperlicher Anziehung abhängt, sondern stark von emotionaler Sicherheit und gegenseitigem Verständnis beeinflusst wird (Mikulincer & Shaver, 2016).

Ein entscheidender Faktor für die Veränderungen in der Partnerschaft ist der sogenannte Mental Load – die unsichtbare, oft unausgesprochene Verantwortung für organisatorische und emotionale Aufgaben im Familienalltag (Daminger, 2019). Besonders Mütter tragen häufig den größten Teil dieser mentalen Last, was zu Erschöpfung und einer Verringerung des emotionalen und körperlichen Bedürfnisses nach Nähe führen kann. Diese Ungleichverteilung kann sich negativ auf die Partnerschaft auswirken, insbesondere wenn sie nicht offen besprochen wird (Ciciolla & Luthar, 2019).

Ein bewusster Umgang mit den neuen Bedürfnissen, Emotionen und Erwartungen kann dazu beitragen, dass die Partnerschaft nicht nur erhalten bleibt, sondern an Tiefe gewinnt. Eine sichere Bindung zwischen den Partnern unterstützt nicht nur das emotionale Wohlbefinden beider, sondern auch die Eltern-Kind-Bindung (Cassidy & Shaver, 2016).

Warum sich körperliche und emotionale Nähe verändert und warum das okay ist

Die Geburt eines Kindes ist nicht nur eine physische, sondern auch eine emotionale Transformation. Viele frischgebackene Eltern stellen fest, dass sich ihre Bedürfnisse nach Nähe und Zärtlichkeit verändern. Einige fühlen sich enger miteinander verbunden als je zuvor, während andere das Gefühl haben, dass die Intimität auf eine harte Probe gestellt wird.

Körperliche Veränderungen und Erschöpfung

- Der weibliche Körper durchläuft nach der Geburt zahlreiche hormonelle Anpassungen, die das Bedürfnis nach Nähe und Sexualität beeinflussen können (Kitzinger, 2012).
- Schlafmangel, Stillen und körperliche Erschöpfung führen oft dazu, dass sich Eltern weniger energiegeladen und weniger sexuell motiviert fühlen (McDaniel & Teti, 2012).
- Auch Väter erleben hormonelle Veränderungen, die ihre Wahrnehmung von Intimität beeinflussen können (Gettler et al., 2011).

Emotionale Veränderung nach der Geburt

Die Geburt eines Kindes kann das emotionale Gleichgewicht eines Paares stark verändern. Forschungen zeigen, dass viele Mütter eine intensive emotionale Bindung zum Baby aufbauen, was dazu führen kann, dass der Partner sich vorübergehend ausgeschlossen fühlt (Feldman, 2017).

Oxytocin, das sogenannte Bindungshormon, spielt eine wesentliche Rolle bei der Mutter-Kind-Bindung und kann dazu führen, dass die mütterliche Fürsorge gegenüber dem Baby stärker wird als die emotionale Verbindung zum Partner (Gordon et al., 2010).

Veränderung der Beziehungsdynamik
Viele Partner erleben Unsicherheiten bezüglich Nähe und Sexualität nach der Geburt. Studien zeigen, dass Männer nach der Geburt häufiger das Gefühl haben, weniger begehrt zu werden oder nicht zu wissen, wie sie sich ihrer Partnerin in dieser Phase nähern können (Doss & Rhoades, 2017).

In vielen Fällen kommt es zu einer Verschiebung der emotionalen Nähe: Während die Mutter die intensive Bindung zum Baby aufbaut, kann der andere Elternteil Schwierigkeiten haben, seinen Platz in dieser neuen Dynamik zu finden (Schoppe-Sullivan et al., 2017).

Die Bedeutung emotionaler Nähe in dieser Phase
Emotionale Nähe wird in der frühen Elternschaft oft weniger durch Sexualität, sondern mehr durch kleine Gesten, Fürsorge und gegenseitige Unterstützung ausgedrückt (Belsky & Pensky, 1988).

Paare, die aktiv an ihrer emotionalen Verbindung arbeiten – etwa durch gemeinsame Zeit, körperliche Zuwendung oder bewusste Kommunikation – haben eine höhere Beziehungszufriedenheit nach der Geburt ihres Kindes (Halford et al., 2010).

☞ Zusammenfassend zeigen diese Studien, dass es normal ist, wenn sich die emotionale und körperliche Nähe in der frühen Elternschaft verändert. Der Schlüssel liegt in einer bewussten Auseinandersetzung mit den eigenen Bedürfnissen und denen des Partners, um langfristig eine stabile und liebevolle Beziehung aufrechtzuerhalten.

Mental Load - veränderte Rollen und mentale Belastung

Viele Mütter übernehmen automatisch die Hauptverantwortung für die Betreuung des Kindes, was die emotionale und physische Kapazität für Nähe zum Partner reduzieren kann.

Der sogenannte „Mental Load" - die ständige gedankliche Beschäftigung mit To-Do-Listen und Verantwortung - kann es schwer machen, sich auf romantische oder sexuelle Nähe einzulassen (Daminger, 2019).

Paare sollten sich bewusst machen, dass Intimität nicht nur körperlich ist, sondern auch emotionale Verbindung und gegenseitiges Verständnis umfasst.

Warum diese Veränderungen normal sind
Studien zeigen, dass es völlig normal ist, wenn sich das Sexualleben nach der Geburt verändert - es braucht Zeit, sich als Paar neu zu finden (Doss et al., 2009).

Anstatt den Fokus darauf zu legen, was „fehlt", kann es helfen, sich bewusst kleine Momente der Nähe zu schaffen.

Die Akzeptanz dieser Veränderung als Teil des gemeinsamen Wachstums kann dazu beitragen, dass sich Paare nicht unter Druck setzen, sondern neue Wege zur Verbindung entdecken.

Die Veränderungen in der körperlichen und emotionalen Nähe nach der Geburt sind ein natürlicher Teil des Übergangs in die Elternschaft. Indem Paare diese Veränderungen bewusst wahrnehmen und offen miteinander kommunizieren, können sie neue Wege der Intimität entdecken, die über die klassische Vorstellung von Nähe hinausgehen.

Reflexionsfrage

„Wie können wir als Paar bewusst Raum für Nähe und emotionale Verbundenheit schaffen - auch wenn unser Alltag herausfordernd ist?"

Wie man sich als Paar emotional und körperlich wieder annähert

Die Herausforderung für Paare nach der Geburt besteht nicht darin, wieder zur alten Intimität zurückzukehren, sondern eine neue Form der Nähe zu entwickeln, die zu den veränderten Lebensumständen passt. Hier sind einige Wege, um sich als Paar emotional und körperlich wieder anzunähern:

▶ **Bewusste Paarzeit schaffen**

Auch wenn der Alltag mit einem Baby herausfordernd ist, sind bewusste Momente der Zweisamkeit essenziell (Halford & Petch, 2010). Kleine Rituale wie eine gemeinsame Tasse Tee am Abend oder eine Umarmung vor dem Einschlafen stärken die emotionale Verbindung. Babysitter oder Unterstützung aus dem Umfeld ermöglichen es, wieder Momente zu zweit zu genießen.

▶ **Offene Kommunikation über Bedürfnisse und Erwartungen**

Viele Paare sprechen nach der Geburt seltener über ihre eigenen Bedürfnisse, da sich der Fokus auf das Baby verlagert. Ein offenes Gespräch über Erwartungen an Nähe, Berührung und Intimität kann Missverständnisse vermeiden (LeMasters, 2015). Es hilft, eigene Gefühle und Bedürfnisse zu benennen, anstatt darauf zu warten, dass der andere sie intuitiv erkennt.

▶ **Neue Formen der Intimität entdecken**

Intimität bedeutet nicht nur Sexualität – sie beginnt mit Berührungen, Lächeln und kleinen Gesten der Zuneigung. Händchenhalten, Rückenmassagen oder einfach ein längerer Blickkontakt können Nähe schaffen (Ahlborg et al., 2009).

Auch sanfte körperliche Annäherung ohne Druck kann helfen, das Vertrauen und die Verbindung wieder aufzubauen.

▶ Körperliche Erschöpfung anerkennen und anpassen
Gerade frischgebackene Eltern erleben oft extreme Müdigkeit, die das Bedürfnis nach körperlicher Nähe beeinflussen kann. Sich gegenseitig Erholung zu ermöglichen, kann langfristig dazu beitragen, dass beide sich wieder emotional und körperlich näherkommen (Cowan & Cowan, 2012). Es ist wichtig zu verstehen, dass Erschöpfung nicht gleichbedeutend mit fehlender Liebe oder Anziehungskraft ist.

▶ Geduld und Selbstmitgefühl entwickeln
Die Rückkehr zur Intimität ist ein Prozess – es gibt keine feste Zeitspanne, in der sich alles „normalisieren" muss. Sich selbst und dem Partner mit Geduld zu begegnen, hilft, Druck und Frust zu vermeiden. Kleine Schritte in Richtung Nähe und Verbindung sind oft nachhaltiger als erzwungene Veränderungen.

Nach der Geburt eines Kindes verändert sich die Dynamik der Nähe in einer Partnerschaft, doch mit Achtsamkeit, Kommunikation und bewusster Verbindung kann ein neues Gleichgewicht entstehen. Der Schlüssel liegt darin, sich nicht mit der Vergangenheit zu vergleichen, sondern gemeinsam eine neue Form der Nähe zu gestalten.

Reflexionsfrage

„Welche kleinen Schritte können wir als Paar unternehmen, um unsere emotionale und körperliche Verbindung zu stärken?"

ÜBUNG

Die 10-Minuten-Verbindung

▶ **Ziel:**

Diese Übung hilft euch, trotz Alltagsstress und elterlicher Verantwortung regelmäßig eine bewusste Verbindung zueinander herzustellen.

▶ **Anleitung:**

- Setzt euch täglich für 10 Minuten zusammen, ohne Ablenkungen (kein Handy, kein TV, kein Kind auf dem Arm).
- Wechselt euch ab, indem einer spricht und der andere nur zuhört, ohne zu unterbrechen oder Lösungen anzubieten.
- Der Fokus liegt auf echtem Zuhören.
- Teilt drei Dinge mit, die euch gerade beschäftigen – das kann ein Gedanke, eine Sorge oder eine kleine Freude sein.
- Der Zuhörer fasst danach kurz zusammen, was er gehört hat, um sicherzustellen, dass er es wirklich verstanden hat.
- Zum Abschluss bedankt sich jeder für das Gespräch, um Wertschätzung für den Moment auszudrücken.

☞ **Effekt**: Diese Übung reduziert das Gefühl, nur noch als Eltern zu funktionieren, stärkt das gegenseitige Verständnis und fördert emotionale Nähe.

Praxisbeispiel Lisa & Marco

Zwischen Elternsein und Paar-bleiben

Lisa und Marco sind seit sechs Monaten Eltern ihres ersten Kindes. Während Lisa den Großteil des Tages mit dem Baby verbringt und sich emotional oft erschöpft fühlt, hat Marco das Gefühl, dass er Lisa zunehmend verliert. Früher hatten sie regelmäßige Date-Abende, nun fühlt sich Marco zurückgewiesen, weil Lisa abends nur noch ins Bett fallen will.

Anfangs sprach Marco seine Gefühle nicht offen an, doch mit der Zeit wuchs die Distanz zwischen ihnen. Eines Abends sagte Lisa frustriert: „Ich kann nicht alles schaffen – ich bin müde, unser Baby braucht mich, und ich habe einfach keine Energie für Romantik." Marco fühlte sich unverstanden und zog sich immer mehr zurück.

Nach einem ehrlichen Gespräch beschlossen sie, **ihre Definition von Nähe anzupassen***. Anstatt auf perfekte Paarabende zu warten, nahmen sie sich täglich zehn Minuten Zeit für die „10-Minuten-Verbindung".*

Sie merkten, dass kleine Momente der Aufmerksamkeit eine große Wirkung hatten: Lisa fühlte sich entlastet, wenn Marco aktiv zuhörte, und Marco spürte wieder eine emotionale Verbindung zu ihr.

Mit der Zeit kehrte nicht nur die emotionale Nähe zurück – sie fanden auch wieder mehr Raum für Berührung und Intimität. Die Erkenntnis, dass Liebe nicht durch große Gesten, sondern durch kleine, bewusste Momente gestärkt wird, half ihnen, sich trotz Mental Load als Paar nah zu bleiben.

MENTAL LOAD
UND FAIRE AUFGABENVERTEILUNG

Die wahre Gleichberechtigung
beginnt nicht bei der Aufgabenverteilung,
sondern bei der gemeinsamen Verantwortung
für das mentale Gewicht des Alltags.

– Eve Rodsky

Der Begriff „Mental Load" beschreibt die unsichtbare, oft unbezahlte und unerkannte Denkarbeit, die mit der Organisation von Haushalt, Kinderbetreuung und alltäglichen Verpflichtungen verbunden ist (Ceci et al., 2021). Während physische Aufgaben wie Wäsche waschen oder Kochen offensichtlich sind, umfasst der Mental Load die ständige Verantwortung für das Planen, Erledigen und Koordinieren dieser Aufgaben.

Studien zeigen, dass Frauen nach der Geburt oft einen Großteil des Mental Loads übernehmen, selbst wenn beide Partner berufstätig sind (Daminger, 2019; Hochschild & Machung, 2012). Diese ungleiche Verteilung kann zu emotionaler Erschöpfung und Konflikten in der Beziehung führen.

Wie man Eltern-Aufgaben fair aufteilt - ohne Streit und Frust

Der Übergang zur Elternschaft bringt nicht nur emotionale, sondern auch organisatorische Herausforderungen mit sich. Viele Paare stellen fest, dass die Verteilung von Aufgaben – von der Kinderbetreuung über den Haushalt bis hin zur emotionalen Verantwortung – oft ungleich verteilt ist. Dies führt nicht selten zu Frustration, Streit und Erschöpfung. Doch eine bewusste und faire Aufteilung der elterlichen Aufgaben kann nicht nur die Partnerschaft stärken, sondern auch die emotionale Gesundheit der gesamten Familie fördern (Daminger, 2019).

☞ Studien zeigen, dass Frauen nach der Geburt oft einen Großteil des Mental Loads übernehmen, selbst wenn beide Partner berufstätig sind (Daminger, 2019; Hochschild & Machung, 2012). Diese ungleiche Verteilung kann zu emotionaler Erschöpfung und Konflikten in der Beziehung führen.

Warum ist eine faire Aufgabenverteilung wichtig?

▶ Reduktion von Stress und Burnout: Eine gerechte Aufgabenverteilung verhindert emotionale und körperliche Überlastung eines Partners und sorgt für ein besseres Familienklima (Nomaguchi & Milkie, 2020).

▶ Kinder profitieren, wenn beide Eltern gleichermaßen präsent sind und Verantwortung übernehmen (Craig & Mullan, 2011).

▶ Verbesserung der Partnerschaft: Wenn Aufgaben bewusst aufgeteilt werden, kann dies die Zufriedenheit in der Beziehung steigern und Konflikte reduzieren (Carlson et al., 2016).

Strategien für eine faire Aufgabenteilung:

▶ ***Transparenz und bewusste Kommunikation***
Oft sind sich Paare gar nicht bewusst, wie unausgeglichen die Aufgaben verteilt sind. Eine ehrliche Reflexion kann helfen, ein realistisches Bild zu gewinnen. Eine Möglichkeit ist, für eine Woche alle anfallenden Aufgaben zu notieren und anschließend zu besprechen, wer welche Aufgaben übernimmt (Ceci et al., 2021). Ein regelmäßiger Check-in als Paar hilft, Anpassungen vorzunehmen, wenn sich neue Belastungen ergeben.

▶ ***Aufgaben nach Stärken und Präferenzen verteilen***
Nicht jede Aufgabe muss exakt zu 50 % geteilt werden – wichtig ist, dass beide Partner das Gefühl haben, fair behandelt zu werden. Wenn ein Elternteil lieber kocht, während der andere lieber mit dem Kind spazieren geht, kann das in die Aufgabenteilung einfließen. Laut Studien sind Paare zufriedener, wenn sie Aufgaben nach Vorlieben und Stärken aufteilen, anstatt sie strikt zu halbieren (Duxbury & Higgins, 2001).

▶ ***Verantwortung statt Hilfe übernehmen***
Ein häufiges Missverständnis besteht darin, dass ein Partner „hilft", anstatt wirklich Verantwortung zu übernehmen. Studien zeigen, dass Frauen oft als Managerinnen des Haushalts fungieren, während Männer sich auf spezifische, klar definierte Aufgaben konzentrieren (Hochschild & Machung, 2012). Eine faire Verteilung bedeutet, dass jeder für bestimmte Aufgaben komplett verantwortlich ist – inklusive Planung und Durchführung.

▶ ***Klares System für die Aufgabenverteilung etablieren***
Verwendet To-do-Listen, Apps oder einen Wochenplan, um Zuständigkeiten klar zu definieren (Offer & Schneider, 2011). Ein Wechselmodell kann helfen: Eine Woche ist Partner A für bestimmte Aufgaben zuständig, die nächste Woche Partner B. Wenn beide berufstätig sind, sollte auch der Umfang der Aufgaben entsprechend angepasst werden.

▶ ***Raum für Flexibilität und Nachsicht lassen***
Kinder sind unberechenbar, und nicht immer läuft alles nach Plan – Flexibilität ist daher entscheidend. Perfektionismus kann zusätzlichen Stress verursachen. Sich bewusst Pausen zuzugestehen, hilft, unnötige Konflikte zu vermeiden (Cowan & Cowan, 2012). Eine bewusste und faire Aufgabenverteilung trägt maßgeblich zur Zufriedenheit in der Partnerschaft und zum Wohlbefinden der gesamten Familie bei. Eine offene Kommunikation, das Bewusstsein für Mental Load und eine realistische Einteilung der Verantwortlichkeiten sind entscheidend, um Streit und Frust zu vermeiden.

Reflexionsfrage

„Wie sieht unsere derzeitige Aufgabenteilung aus? Fühlen wir uns beide damit wohl?“

Praktische Tools für eine gerechte Rollenverteilung

▶ **Digitale Organisationshilfen nutzen**

- Es gibt verschiedene Apps, die helfen können, Haushalts- und Familienaufgaben fair zu organisieren, z. B. „Trello", „Cozi" oder „OurHome" (Hertlein & Ancheta, 2014).
- Gemeinsame digitale Kalender ermöglichen eine bessere Planung von Verpflichtungen und erleichtern die Verteilung von Verantwortlichkeiten.

▶ **Haushalts- und Aufgabenpläne erstellen**

- Ein visuell dargestellter Plan (z. B. Wochenplan auf einer Tafel oder als Magnettafel in der Küche) hilft, Zuständigkeiten transparent zu machen.
- Eltern können einen rotierenden Aufgabenplan verwenden, um sicherzustellen, dass alle regelmäßig verschiedene Verantwortlichkeiten übernehmen.

▶ **Wöchentliche Partnerschafts-Check-ins**

- Studien zeigen, dass Paare, die regelmäßig über ihre Verantwortlichkeiten und Zufriedenheit sprechen, langfristig ausgeglichener sind (Stanley et al., 2017).
- Eine feste Zeit in der Woche für ein „Teamgespräch" kann helfen, Frust frühzeitig zu erkennen und neue Lösungen zu entwickeln.

▶ **Kinder frühzeitig einbeziehen**

- Auch Kinder profitieren davon, wenn sie altersgerechte Aufgaben übernehmen dürfen (Gleason et al., 2021).
- Kleine Routinen wie „Aufräumzeit" oder „Familienputztag" fördern das Verantwortungsbewusstsein und entlasten die Eltern.

▶ **Externe Unterstützung in Betracht ziehen**

- Studien zeigen, dass der Stresspegel in Familien sinkt, wenn externe Hilfe – sei es durch Großeltern, Babysitter oder eine Haushaltshilfe – genutzt wird (Nomaguchi & Milkie, 2020).
- Es kann hilfreich sein, sich bewusst Unterstützung zu organisieren, um die eigene Partnerschaft und mentale Gesundheit zu schützen.

☞ Eine bewusste und faire Aufgabenverteilung trägt maßgeblich zur Zufriedenheit in der Partnerschaft und zum Wohlbefinden der gesamten Familie bei. Digitale Hilfsmittel, klare Kommunikation und regelmäßige Anpassungen helfen dabei, Streit zu vermeiden und eine gerechte Rollenverteilung zu etablieren.

Reflexionsfrage

„Welche Tools und Methoden könnten uns helfen, unsere Aufgaben fairer zu verteilen?"

ÜBUNG

Unsere mentale Last sichtbar machen

▶ **Ziel:**

Diese Übung hilft Paaren, sich der unsichtbaren Aufgaben bewusst zu werden, die oft unausgesprochen bleiben, und eine gerechtere Verteilung zu finden.

▶ **Anleitung:**

Individuelle Reflexion: Jeder Partner schreibt für sich auf, welche täglichen, wöchentlichen und monatlichen Aufgaben er übernimmt – sowohl sichtbare (z. B. Einkaufen, Kochen, Kinder zur Kita bringen) als auch unsichtbare (z. B. Arzttermine organisieren, Geschenke für Geburtstage besorgen, an Wechselkleidung für das Kind denken).

Vergleich und Austausch: Setzt euch zusammen und vergleicht eure Listen. Achtet darauf, ob sich mentale Lasten ungleich verteilen und ob es Aufgaben gibt, die einer von euch als „selbstverständlich" ansieht, während sie für den anderen nicht sichtbar waren.

Gerechtere Verteilung: Besprecht, ob die Verteilung für beide fair ist. Gibt es Aufgaben, die neu verteilt oder besser organisiert werden können? Erstellt eine neue, ausgeglichene Aufgabenverteilung, die sich für beide gut anfühlt.

Nachhaltige Veränderung: Hängt eure neue Aufgabenverteilung sichtbar auf und überprüft sie regelmäßig. Überlegt gemeinsam, welche Routinen euch helfen können, die Last langfristig fairer zu verteilen (z. B. feste Check-ins, klare Verantwortlichkeiten).

☞ **Effekt**:
Diese Übung hilft, unausgesprochene Erwartungen und Belastungen sichtbar zu machen, eine fairere Verteilung zu finden und gegenseitiges Verständnis zu fördern.

Praxisbeispiel Lena & Tom

Die unausgesprochene Last

Lena und Tom sind seit sechs Jahren ein Paar und Eltern von zwei kleinen Kindern. Während Tom sich als engagierten Vater sieht – er bringt die Kinder zur Kita, kocht manchmal und übernimmt das Einkaufen –, fühlt sich Lena zunehmend überlastet. Sie denkt an Arzttermine, organisiert Kinderkleidung, kümmert sich um Kita-Wechsel, plant Geburtstagsgeschenke und sorgt dafür, dass immer alles reibungslos läuft.

Eines Abends kommt es zum Streit: Lena fühlt sich erschöpft und äußert, dass sie „alles allein macht", während Tom sich unverstanden fühlt – schließlich hilft er doch. Erst als sie gemeinsam eine Liste ihrer Aufgaben erstellen, wird Tom bewusst, wie viele unsichtbare To-dos Lena im Kopf hat. Er schlägt vor, feste Verantwortlichkeiten einzuführen: Er übernimmt ab sofort alle Arzttermine und kümmert sich um organisatorische Kita-Angelegenheiten. Außerdem beschließen sie, jede Woche einen „Mental Load Check-in" zu machen, um zu besprechen, ob die Aufgaben fair verteilt sind.

Nach einigen Wochen merkt Lena, dass sich die Last wirklich verringert. Tom fühlt sich stärker eingebunden, und ihre Beziehung ist entspannter. Der Schlüssel lag nicht nur in der Aufgabenteilung, sondern darin, die mentale Last als gemeinsame Verantwortung zu sehen.

DAS GEHEIMNIS LANGANHALTENDER PARTNERSCHAFTEN NACH DER GEBURT

Eine glückliche Partnerschaft entsteht nicht durch große Gesten, sondern durch die kleinen Dinge, die wir täglich füreinander tun.

– John Gottman

Nach der Geburt eines Kindes verändert sich nicht nur der Alltag, sondern auch die Dynamik in der Partnerschaft. In dieser Phase treten große Gesten der Zuneigung oft in den Hintergrund, da Zeit und Energie in die Versorgung des Babys fließen. Doch eine stabile und glückliche Beziehung hängt nicht nur von gelegentlichen romantischen Momenten ab, sondern vor allem von kontinuierlicher emotionaler Verbindung. Dabei spielen Wertschätzung, emotionale Resonanz – auch bekannt als Accessibility, Responsiveness und Engagement (ARE) nach Dr. Sue Johnson – sowie kleine wiederkehrende Rituale eine zentrale Rolle.

Die psychologische Bedeutung von Ritualen in Beziehungen

Studien zeigen, dass Paare, die sich gegenseitig emotional zugänglich (accessible), reaktionsfähig (responsive) und engagiert (engaged) erleben, eine tiefere und stabilere Bindung entwickeln (Johnson, 2019). Diese emotionale Resonanz ist entscheidend, um sich als Paar verbunden zu fühlen, selbst in herausfordernden Zeiten. Ergänzend dazu haben regelmäßige Rituale nachweislich eine stabilisierende Funktion für die Beziehungszufriedenheit (Gottman & Silver, 2015). Sie schaffen einen verlässlichen Rahmen, in dem sich beide Partner emotional sicher und gesehen fühlen (Fiese et al., 2002).

Warum emotionale Resonanz und kleine Rituale wichtiger sind als große Gesten

Wertschätzung im Alltag stärkt die emotionale Sicherheit

- Ein bewusstes „Danke" oder ein aufmerksamer Blick können mehr bewirken als ein großes Geschenk.
- Das regelmäßige Nachfragen, wie es dem anderen geht, zeigt Interesse und fördert emotionale Nähe (Reis & Shaver, 1988).
- Körperliche Zuwendung, wie eine liebevolle Berührung beim Vorbeigehen, kann emotionale Sicherheit vermitteln (Gottman, 2014).

Emotionale Reaktionsfähigkeit vertieft die Bindung

- Partner, die auf die emotionalen Signale des anderen eingehen, vermeiden Missverständnisse und Entfremdung (Johnson, 2019).
- Kleine Gesten der Unterstützung – etwa eine spontane Umarmung bei Stress oder eine kurze Bestätigung „Ich sehe, dass du heute viel zu tun hattest" – können die Beziehung langfristig stärken.

Alltagsrituale fördern Beständigkeit in unsicheren Zeiten

- Gemeinsame Morgen- oder Abendrituale schaffen eine feste Struktur in einem sich ständig verändernden Familienleben (Fiese & Tomcho, 2001).
- Ein kurzer Tagesrückblick als Paar oder ein gemeinsames Essen ohne Ablenkung stärkt die Verbindung.

Kinder profitieren von stabilen liebevollen Interaktionen der Eltern

- Wenn Kinder erleben, dass ihre Eltern sich emotional zugewandt bleiben, entwickeln sie ein stärkeres Sicherheitsgefühl (Cowan & Cowan, 2012).
- Eltern, die sich regelmäßig bewusst Zeit für ihre Beziehung nehmen, sind oft ausgeglichener, was sich positiv auf das gesamte Familienklima auswirkt.

☞ Zusammenfassend entsteht eine langanhaltende Partnerschaft nicht durch gelegentliche große Gesten, sondern durch kontinuierliche emotionale Präsenz, aufrichtige Wertschätzung und beständige kleine Verbindungen. Wer als Paar lernt, auch im Alltag bewusst aufeinander einzugehen, sich gegenseitig emotional zu unterstützen und liebevolle Rituale zu pflegen, legt die Grundlage für eine stabile tiefe und erfüllende Beziehung – selbst in der herausfordernden Phase der Elternschaft.

ÜBUNG

Emotionale Resonanz und wirkungsvolle Paar-Rituale

Rituale sind nicht nur feste Gewohnheiten, sondern auch emotionale Anker, die Vertrautheit und Sicherheit in der Partnerschaft schaffen. Sie helfen, trotz der Herausforderungen des Elternseins, eine tiefere emotionale Verbindung aufrechtzuerhalten. Ergänzend zu regelmäßigen Ritualen ist es entscheidend, bewusst auf die emotionale Resonanz in der Partnerschaft zu achten – also Zugänglichkeit, Reaktionsfähigkeit und Engagement in den gemeinsamen Momenten zu kultivieren.

Einfache, aber wirkungsvolle Paar-Rituale zur Stärkung der emotionalen Bindung:

⇒ ***Ein bewusstes*** „Guten Morgen" und „Gute Nacht" mit einer Berührung oder Umarmung

- Nicht nur eine Routine, sondern ein bewusster Moment des Innehaltens, um die emotionale Verbindung zu pflegen.

⇒ ***Wöchentliche kleine Rituale*** wie ein gemeinsames Frühstück oder Spaziergang

- Selbst kurze Momente helfen, die Partnerschaft aktiv zu leben und nicht nur als funktionierendes Eltern-Team zu agieren.

⇒ ***„Drei Dinge, die ich heute an dir schätze"*** – tägliche Wertschätzung in wenigen Sätzen

- Positive Rückmeldungen stärken das Gefühl von Verbundenheit und Sicherheit, besonders in stressigen Phasen.

⇒ ***Emotionale Check-ins:*** „Wie geht es dir *wirklich*?"

- Ein bewusster Moment am Tag oder in der Woche, in dem beide Partner über ihre Gefühle und Bedürfnisse sprechen, ohne Ablenkung.

⇒ ***Humor als Beziehungsanker:*** Gemeinsam über den Alltagsstress lachen

- Lachen verbindet – und hilft, Stress abzubauen, ohne Probleme zu bagatellisieren.

⇒ ***Digitale Auszeiten:*** Eine bewusste halbe Stunde täglich ohne Handy für Gespräche oder Nähe reservieren

- Kleine Momente echter Präsenz können oft mehr bewirken als lange Gespräche mit halber Aufmerksamkeit.

☞ Warum diese Rituale mehr als bloße Gewohnheiten sind: Während große Gesten zweifellos schön sind, liegt die wahre Magie einer stabilen Partnerschaft oft in den kleinen wiederkehrenden Momenten der emotionalen Präsenz. Entscheidend ist nicht nur das Ritual an sich, sondern die bewusste Entscheidung, sich gegenseitig wahrzunehmen, zu reagieren und emotional präsent zu sein.

Reflexionsfrage

„Welche kleinen Rituale haben in unserer Beziehung früher eine Rolle gespielt? Wie können wir sie neu in unseren Alltag integrieren? Wie können wir zusätzlich unsere emotionale Reaktionsfähigkeit füreinander stärken?“

Die Reise des Bindungsaufbaus als Elternpaar

Die Geburt eines Kindes verändert nicht nur die individuellen Rollen, sondern auch die Dynamik der Partnerschaft grundlegend. Während das gemeinsame Elternsein eine neue tiefere Ebene der Verbundenheit schaffen kann, erfordert es bewusste Anstrengung, um die emotionale Nähe als Paar aufrechtzuerhalten.

Viele Paare erleben eine Phase der Anpassung, in der frühere Routinen nicht mehr funktionieren und neue Wege der Verbindung gefunden werden müssen. Die Fähigkeit, diesen Übergang bewusst zu gestalten, entscheidet oft darüber, ob die Partnerschaft gestärkt oder geschwächt aus dieser Zeit hervorgeht (Cowan & Cowan, 2012).

Von der romantischen Partnerschaft zur Elternschaft
Der Übergang zur Elternschaft ist eine der tiefgreifendsten Veränderungen im Leben eines Paares. Während sich vorher vieles um die Partnerschaft, gemeinsame Erlebnisse und Zweisamkeit gedreht hat, steht nun die Betreuung des Kindes im Mittelpunkt (LeMasters, 2015).

Dieser Wandel kann zu vorübergehender Distanz führen, die nicht selten als Entfremdung erlebt wird. Studien zeigen, dass Paare, die sich aktiv mit diesen Veränderungen auseinandersetzen, weniger Konflikte erleben und eine stabilere Beziehung aufrechterhalten können (Doss et al., 2009).

Gemeinsame Werte und Ziele als Fundament

Eine Partnerschaft ist dann besonders stabil, wenn beide Partner ein gemeinsames Verständnis darüber haben, was ihnen in ihrer Beziehung und in der Elternrolle wichtig ist. Unausgesprochene Erwartungen hingegen sind eine häufige Quelle für Enttäuschungen.

☞ Forschungsergebnisse zeigen, dass Paare, die über ihre Werte und Erziehungsvorstellungen sprechen, mit Herausforderungen besser umgehen können und langfristig zufriedener sind (Stanley et al., 2017). Der bewusste Austausch über gemeinsame Ziele – sei es in der Erziehung oder in der Partnerschaft – schafft Klarheit und stärkt das „Wir-Gefühl".

Die Bedeutung von emotionaler Unterstützung

Emotionale Unterstützung ist ein Schlüsselfaktor für die Zufriedenheit in der Partnerschaft und die psychische Widerstandsfähigkeit beider Elternteile (Gottman, 2014). In stressigen Zeiten kann es eine enorme Erleichterung sein, wenn der Partner aktiv zuhört, Anerkennung zeigt und spürbar vermittelt, dass beide als Team agieren. Es sind oft die kleinen Gesten – ein verständnisvoller Blick, ein ermutigendes Wort oder eine Umarmung –, die signalisieren: „Du bist nicht allein in dieser Herausforderung."

Bewusst Zeit für die Partnerschaft nehmen

Obwohl die Zeitressourcen in der frühen Elternphase begrenzt sind, ist es essenziell, sich bewusst Momente der Zweisamkeit zu schaffen. Studien zeigen, dass Paare, die sich auch in intensiven Phasen regelmäßig Zeit füreinander nehmen, langfristig eine stabilere Beziehung führen (Cowan & Cowan, 2012).

Es geht nicht darum, große Ausflüge oder romantische Wochenenden zu planen, sondern vielmehr um die Qualität der alltäglichen Begegnungen: Ein bewusstes Gespräch am Abend, ein kurzer Moment der Nähe oder eine Geste der Wertschätzung können helfen, die emotionale Verbindung zu erhalten.

Flexibilität und Akzeptanz entwickeln

Elternschaft ist eine Phase der ständigen Veränderung, die Anpassungsfähigkeit und Akzeptanz erfordert. Unvorhergesehene Herausforderungen gehören dazu – sei es Schlafmangel, unterschiedliche Vorstellungen in der Erziehung oder der Wandel der eigenen Identität als Eltern. Paare, die lernen, flexibel auf Veränderungen zu reagieren und sich nicht an starren Erwartungen festzuhalten, erleben weniger Konflikte und eine größere Beziehungszufriedenheit (Slade, 2005).

Die Reise des Bindungsaufbaus als Elternpaar ist ein fortlaufender Prozess. Durch offene Kommunikation, gegenseitige Unterstützung und die bewusste Entscheidung, auch in herausfordernden Zeiten aufeinander zuzugehen, kann eine Partnerschaft nicht nur bestehen, sondern sogar wachsen.

Reflexionsfrage

„Wie können wir als Paar bewusst an unserer Bindung arbeiten, während wir gleichzeitig als Eltern wachsen?“

Zusammen wachsen – nicht auseinanderfallen

Die Geburt eines Kindes stellt eine Partnerschaft vor neue Herausforderungen, doch sie bietet auch die Möglichkeit, gemeinsam zu wachsen. Beziehungen, die auf gegenseitigem Verständnis, Akzeptanz und bewusster Verbindung beruhen, haben eine größere Chance, diese Veränderungen nicht nur zu überstehen, sondern gestärkt daraus hervorzugehen. Der Schlüssel liegt darin, nicht nur Eltern zu sein, sondern auch weiterhin Partner zu bleiben.

Bewusste Entscheidung für das „Wir"
Glückliche Paare unterscheiden sich nicht dadurch, dass sie weniger Herausforderungen erleben, sondern durch ihre bewusste Entscheidung, diese gemeinsam zu meistern (Gottman, 2014).

Eine Beziehung ist kein Selbstläufer – sie erfordert kontinuierliche Pflege. Regelmäßige Reflexionen über die Partnerschaft und ein bewusster Umgang mit den eigenen Bedürfnissen und Erwartungen helfen, mögliche Konflikte frühzeitig zu erkennen und gemeinsam Lösungen zu finden.

Gemeinsame Herausforderungen als Chance nutzen
Konflikte und Herausforderungen müssen nicht zwangsläufig eine Beziehung belasten – sie können auch eine Chance sein, als Paar enger zusammenzuwachsen. Der entscheidende Faktor ist, ob Partner sich gegenseitig als Verbündete sehen oder als Gegner in schwierigen Situationen (Johnson, 2019). Offene Kommunikation über Unsicherheiten, Ängste und Wünsche stärkt das Vertrauen und verhindert Missverständnisse.

Wer bereit ist, dem anderen zuzuhören, statt sich in Vorwürfen zu verlieren, kann Konflikte konstruktiv lösen und sogar das Gefühl der Verbundenheit vertiefen.

Sich gegenseitig Wertschätzung zeigen
Dankbarkeit und Anerkennung sind entscheidende Faktoren für eine langanhaltende und glückliche Partnerschaft. Forschungen belegen, dass Paare, die sich regelmäßig Wertschätzung zeigen, eine stabilere emotionale Verbindung haben und resilienter gegenüber Stress sind (Fredrickson, 2001). Es geht nicht um große Gesten, sondern um die kleinen Momente im Alltag: Ein ehrliches „Danke", eine liebevolle Berührung oder eine kurze Nachricht, die zeigen, dass man an den anderen denkt.

Paarsein trotz Elternsein – eine bewusste Entscheidung
Die Entscheidung, als Paar verbunden zu bleiben, erfordert tägliche Aufmerksamkeit. Das bedeutet nicht, dass Eltern alles perfekt machen müssen, sondern dass sie sich bewusst dafür entscheiden, füreinander da zu sein – trotz Erschöpfung, Stress oder alltäglicher Herausforderungen. Studien zeigen, dass Paare, die regelmäßig in ihre Beziehung investieren, langfristig glücklicher sind und auch eine stabilere emotionale Basis für ihre Kinder schaffen (Cowan & Cowan, 2012).

Elternschaft kann eine tiefgreifende Bereicherung für eine Partnerschaft sein – wenn beide bereit sind, aktiv an ihrer Beziehung zu arbeiten. Indem sie sich gegenseitig unterstützen, wertschätzen und gemeinsame Rituale pflegen, können sie nicht nur die Herausforderungen des Elternseins meistern, sondern auch eine noch tiefere Verbindung zueinander aufbauen.

Reflexionsfrage

„Welche bewussten Entscheidungen können wir als Paar treffen, um unsere Beziehung während der Elternschaft zu stärken?"

Praxisbeispiel Sophie David

Ein P
Elternschaft und Alltagsstress

Sophie und David sind seit zehn Jahren ein Paar und seit anderthalb Jahren Eltern ihres Sohnes Leo. Während sie früher viel Zeit miteinander verbracht haben, sich spontane Wochenendausflüge gönnten und intensive Gespräche führten, sieht ihr Alltag nun völlig anders aus. Leo beansprucht ihre volle Aufmerksamkeit, die Nächte sind kurz, und die Haushaltsaufgaben haben sich vervielfacht.

Sophie fühlt sich überlastet, während David das Gefühl hat, dass ihre Beziehung auf Sparflamme läuft. Beide sind frustriert, aber keiner spricht es direkt an – bis die Spannungen immer häufiger in Streit münden.

Sophie und David lieben sich, doch seit Leos Geburt hat sich ihre körperliche und emotionale Nähe verändert. Sophie fühlt sich oft erschöpft, und ihr Bedürfnis nach Berührung hat nachgelassen. David hingegen sehnt sich nach mehr Zweisamkeit und fühlt sich abgelehnt.

Eines Abends spricht David seine Gefühle an: „Ich vermisse es, mit dir einfach mal wieder auf der Couch zu kuscheln oder gemeinsam zu lachen. Ich fühle mich manchmal wie das fünfte Rad am Wagen." Sophie ist überrascht – sie hatte nicht bemerkt, wie sehr David unter der veränderten Nähe leidet.

Gemeinsam beschließen sie, wieder bewusst Zeit füreinander zu reservieren. Sie führen ein kleines Ritual ein: Jeden Abend nach Leos Schlafenszeit nehmen sie sich zehn Minuten Zeit für ein Gespräch – ohne Handy, ohne Ablenkung. Kleine Gesten wie ein bewusster Kuss am Morgen oder eine Umarmung zwischendurch helfen ihnen, wieder mehr Nähe herzustellen.

Ein weiteres Thema, das ihre Beziehung belastet, ist die unausgewogene Aufgabenverteilung. Sophie erledigt den Großteil der Organisation rund um Leo – von Arztterminen über Essensplanung bis hin zur Auswahl von Kinderkleidung. Sie fühlt sich überfordert und manchmal auch wütend, dass David nicht von sich aus mehr übernimmt.

Bei einem Gespräch wird David klar, dass er viele Aufgaben einfach als „Sophies Bereich" angesehen hat, ohne zu hinterfragen, wie belastend das für sie ist. Er schlägt vor, dass sie ihre Verantwortlichkeiten klarer aufteilen. Mit einer digitalen Aufgaben-App setzen sie sich zusammen und besprechen, wer welche Aufgaben übernimmt. David übernimmt nun das Einkaufen und die Abendroutine mit Leo, während Sophie die organisatorischen Aufgaben reduziert. Schon nach wenigen Wochen spüren beide eine deutliche Entlastung – und weniger Frust.

Neben der Umverteilung von Aufgaben und dem bewussten Wiederherstellen von Nähe erkennen Sophie und David, dass sie Rituale brauchen, um ihre Beziehung langfristig zu pflegen.

Inspiriert von einem Paarfreund führen sie einen „Mini-Date-Abend" ein: Einmal pro Woche, egal ob mit einem gemeinsamen Film, einem Spaziergang oder einem Glas Wein auf dem Balkon, widmen sie sich bewusst ihrer Beziehung. Zudem üben sie, sich im Alltag häufiger Wertschätzung zu zeigen – sei es durch kleine Komplimente oder ein einfaches „Danke" für alltägliche Dinge.

Mit der Zeit spüren Sophie und David, dass ihre Verbindung wieder stärker wird. Sie verstehen, dass Elternschaft nicht bedeutet, als Paar auf der Strecke zu bleiben – sondern gemeinsam neue Wege zu finden, um Nähe, Liebe und eine gerechte Balance zu bewahren.

Reflexionsfrage

„Welche kleinen Veränderungen können wir als Paar umsetzen, um unsere Nähe und unsere Aufgabenverteilung bewusster zu gestalten?"

Bindungstypentest für Paare

Dieser Selbsttest hilft euch, eure individuellen Bindungsmuster zu erkennen und besser zu verstehen, wie diese eure Beziehung und eure Elternschaft beeinflussen.

▶ Anleitung

Beantwortet die folgenden Aussagen auf einer Skala von 1 bis 5:
1 = trifft überhaupt nicht zu, 2 = trifft eher nicht zu, 3 = teils/teils
4 = trifft eher zu, 5 = trifft vollkommen zu

Fragen zur Bindungssicherheit

1. Ich fühle mich in unserer Beziehung sicher und geborgen.
2. Ich kann meine Bedürfnisse und Gefühle offen mit meinem Partner/meiner Partnerin teilen.
3. Mein Partner/meine Partnerin gibt mir das Gefühl, wertvoll und geliebt zu sein.
4. Wenn es zu Konflikten kommt, glaube ich, dass wir sie gemeinsam lösen können.
5. Ich habe Vertrauen in die Stabilität unserer Beziehung.

Fragen zur Verlustangst

1. Ich habe oft Angst, dass mein Partner/meine Partnerin mich nicht mehr liebt.
2. Wenn mein Partner/meine Partnerin weniger Aufmerksamkeit schenkt, fühle ich mich schnell unsicher.
3. Ich neige dazu, mich sehr stark an meinen Partner/meine Partnerin zu klammern.
4. Ich brauche viel Bestätigung, um mich geliebt zu fühlen.

5. Ich habe das Gefühl, dass mein Partner/meine Partnerin mich nicht so sehr braucht wie ich ihn/sie.

Fragen zur Bindungsvermeidung

1. Ich fühle mich unwohl, wenn mein Partner/meine Partnerin zu emotional oder bedürftig ist.
2. Ich ziehe mich lieber zurück, wenn Konflikte oder intensive Gespräche entstehen.
3. Ich habe Schwierigkeiten, mich emotional vollständig auf meinen Partner/meine Partnerin einzulassen.
4. Ich genieße Nähe, aber brauche viel Zeit für mich allein.
5. Mir fällt es schwer, meine verletzlichen Seiten zu zeigen.

Auswertung

- Mehrheit der Antworten zwischen 4 und 5 in den ersten fünf Fragen: Ihr habt eine sichere Bindung.
- Mehrheit der Antworten zwischen 4 und 5 in den Fragen 6 bis 10: Ihr neigt eher zur Verlustangst.
- Mehrheit der Antworten zwischen 4 und 5 in den Fragen 11 bis 15: Ihr zeigt bindungsvermeidende Tendenzen.

Falls ihr euch in mehreren Kategorien wiederfindet, habt ihr möglicherweise eine gemischte Bindungserfahrung.

Reflexionsfrage

„Wie beeinflussen unsere Bindungsmuster unsere Beziehung und was können wir tun, um bewusster mit ihnen umzugehen?"

Kommunikationsleitfaden für Paare

Dieser Leitfaden hilft euch, eure Kommunikation bewusster und effektiver zu gestalten. Das Ziel ist es, eine tiefergehende Verbindung aufzubauen, in der sich beide Partner gehört und verstanden fühlen.

Grundprinzipien der Kommunikation

1. Verlangsamung: Anstatt impulsiv zu reagieren, nehmt euch Zeit, eure Gefühle und Gedanken bewusst wahrzunehmen.
2. Emotionen benennen: Sprecht nicht nur über das, was passiert ist, sondern auch darüber, wie ihr euch dabei fühlt.
3. Verletzlichkeit zeigen: Anstatt Vorwürfe zu machen, drückt eure tiefen Bedürfnisse aus.
4. Aktives Zuhören: Hört eurem Partner aufmerksam zu, ohne sofort zu unterbrechen oder zu bewerten.
5. Bestätigung und Empathie: Zeigt eurem Partner, dass ihr seine Gefühle versteht und ernst nehmt.

Schritt-für-Schritt-Anleitung für eine verbindende Kommunikation

1. Einen sicheren Rahmen schaffen: Wählt einen ruhigen Moment ohne Ablenkungen. Vereinbart, dass jeder ausreden darf, bevor der andere antwortet.
2. Sprecht über eure Emotionen anstatt über Schuldzuweisungen: Beispiel: Statt „Du hörst mir nie zu!" → „Ich fühle mich oft übersehen, wenn ich dir etwas erzähle." Fokus auf „Ich"-Botschaften, um eine defensive Reaktion zu vermeiden.

3. Den emotionalen Kern eures Problems verstehen: Fragt euch gegenseitig: „Was steckt wirklich hinter meinem Ärger, meiner Enttäuschung oder meinem Rückzug?" Beispiel: „Ich werde wütend, weil ich Angst habe, dass meine Bedürfnisse nicht wichtig sind."
4. Gemeinsam nach Lösungen suchen: Überlegt, was jeder von euch braucht, um sich sicherer und verbundener zu fühlen. Beispiel: „Es würde mir helfen, wenn wir uns täglich fünf Minuten Zeit nehmen, um über unseren Tag zu sprechen."
5. Rituale der Verbundenheit etablieren: Kleine Gesten im Alltag, wie ein bewusster Blickkontakt, eine Berührung oder ein aufmerksames Zuhören, können die emotionale Verbindung stärken. Wiederkehrende Check-ins, bei denen ihr eure Gefühle und Bedürfnisse besprecht, helfen, Missverständnisse zu vermeiden.

Reflexionsfrage

„Wie können wir unsere Kommunikation bewusster gestalten, um uns sicherer und verbundener zu fühlen?"

Unser Wochen-Check-In
Reflexionsbogen für Paare

Dieser wöchentliche Check-in hilft euch, eure Beziehung aktiv zu pflegen, indem ihr euch bewusst Zeit für eine Reflexion nehmt. Er schafft Raum für Dankbarkeit, offene Gespräche und eine konstruktive Auseinandersetzung mit Herausforderungen.

▶ Anleitung

Nehmt euch 15 bis 30 Minuten Zeit, um diese Fragen gemeinsam zu beantworten. Wählt einen ruhigen Ort ohne Ablenkungen. Jeder beantwortet die Fragen für sich und teilt seine Gedanken mit dem Partner.

Reflexionsfragen für den Wochen-Check-in

1. Was hat mich diese Woche an dir oder an unserer Beziehung besonders glücklich gemacht?
2. Gab es einen Moment, in dem ich mich nicht gesehen oder verstanden gefühlt habe?
3. Welche Herausforderungen haben wir als Paar diese Woche gut gemeistert?
4. Gibt es etwas, das ich mir in unserer Beziehung nächste Woche mehr wünsche?
5. Wie können wir uns gegenseitig besser unterstützen?
6. Was ist eine kleine Geste, die wir in der nächsten Woche bewusst füreinander tun können?

Zusätzliche Idee: Unser „Dankbarkeitsmoment"

Jeder Partner nennt eine Sache, für die er in der vergangenen Woche besonders dankbar ist – sei es eine Geste des anderen, ein gemeinsam verbrachter Moment oder einfach die Präsenz des Partners.

☞ Der Wochen-Check-in ist eine einfache, aber wirkungsvolle Methode, um bewusste Beziehungszeit zu schaffen und als Paar emotional verbunden zu bleiben.

Reflexionsfrage

„Welche Frage aus dem Check-in hat uns diese Woche am meisten bewegt?"

Die 10-Minuten-Regel für emotionale Verbindung

Diese Übung hilft euch, trotz eines vollen Alltags regelmäßig Momente der Nähe und Verbundenheit zu schaffen.

▶ **Anleitung:**
Plant täglich zehn Minuten für eine bewusste Paarzeit ein. Setzt euch an einen ruhigen Ort ohne Ablenkungen. Wählt eines der folgenden Gesprächsthemen oder lasst das Gespräch spontan entstehen.

Mögliche Gesprächsthemen:
1. Was war heute dein schönster Moment?
2. Was beschäftigt dich gerade am meisten?
3. Gibt es etwas, das du mir schon länger sagen wolltest?
4. Wofür bist du heute besonders dankbar?
5. Was könnte ich in den nächsten Tagen tun, um dich zu unterstützen?

☞ **Wichtige Regeln:**
- Kein Unterbrechen – hört eurem Partner wirklich zu.
- Kein Probleme lösen – es geht um Verbindung, nicht um Lösungen.
- Emotionale Präsenz – seid aufmerksam und offen füreinander.

Zusätzliche Vertiefung:

- Haltet nach der Übung kurz fest, was euch an eurem Gespräch besonders wichtig war.
- Versucht, mindestens einmal pro Woche bewusst Körperkontakt in diese Zeit zu integrieren (eine Umarmung, Händchenhalten etc.).

Reflexionsfrage

„Wie hat sich unsere Verbindung verändert, seit wir die 10-Minuten-Regel anwenden?"

Checkliste: 10 Dinge, die wir uns jeden Tag sagen sollten

Diese Liste hilft euch, im Alltag bewusst positive Kommunikation zu pflegen und eure emotionale Verbindung zu stärken. Kleine Worte haben oft eine große Wirkung!

▶ **Anleitung:**
Nehmt euch vor, jeden Tag mindestens einige dieser Sätze bewusst zu sagen. Achtet darauf, dass eure Worte authentisch sind und von Herzen kommen.

10 Dinge, die wir uns täglich sagen sollten:

1. **„Danke für das, was du tust."** – Wertschätzung zeigt, dass ihr die Mühe des anderen seht.
2. **„Ich bin froh, dass es dich gibt."** – Eine einfache Erinnerung daran, dass ihr euch schätzt.
3. **„Ich liebe dich."** – Selbstverständlich, aber manchmal zu selten gesagt.
4. **„Wie geht es dir heute wirklich?"** – Zeigt echtes Interesse an den Gefühlen des anderen.
5. **„Ich bin stolz auf dich."** – Jeder braucht Bestätigung und Ermutigung.
6. **„Was kann ich für dich tun?"** – Zeigt Bereitschaft zur Unterstützung.
7. **„Du bist wichtig für mich."** – Erinnert den anderen daran, welchen Platz er in eurem Leben hat.

8. **„Lass uns gemeinsam lachen."** – Humor und Leichtigkeit stärken die Verbindung.
9. **„Ich verstehe dich."** – Empathie ist die Basis jeder starken Beziehung.
10. **„Lass uns kurz innehalten und einfach nur beieinander sein."** – Gemeinsame Momente der Stille schaffen Nähe.

Reflexionsfrage

„Welche dieser Sätze sagen wir uns bereits regelmäßig und welche können wir noch mehr in unseren Alltag integrieren?"

Unser emotionaler Notfall-Kit für stressige Zeiten

Jeder Mensch und jedes Paar erlebt herausfordernde Situationen. Stress, Erschöpfung und emotionale Überlastung können sich negativ auf die Beziehung auswirken. Dieses Notfall-Kit hilft euch, präventiv Strategien zu entwickeln, um in schwierigen Momenten handlungsfähig zu bleiben und euch gegenseitig zu unterstützen.

▶ **Anleitung:**
Lest die Fragen gemeinsam durch und beantwortet sie einzeln oder als Paar. Erstellt eine Liste mit euren individuellen und gemeinsamen Notfall-Strategien. Bewahrt dieses Notfall-Kit an einem Ort auf, an dem ihr es in herausfordernden Momenten schnell wiederfindet.

Reflexionsfragen für euer Notfall-Kit:
1. Meine persönlichen Stress-Signale sind z. B. Reizbarkeit, Rückzug, körperliche Anspannung ...
2. Mein Partner bemerkt, dass ich gestresst bin, wenn ich z. B. ungeduldig werde, mich emotional verschließe ...
3. Folgende Strategien helfen mir, mich selbst zu beruhigen: z. B. tiefes Atmen, kurze Auszeit nehmen, Musik hören ...
4. Folgende Strategien helfen mir, wenn mein Partner gestresst ist: z. B. ruhiges Zuhören, Berührung, Raum geben ...

5. Diese Worte oder Gesten helfen uns als Paar, um uns in stressigen Zeiten zu verbinden: z. B. „Ich bin da für dich", eine Umarmung ...
6. Was wir vermeiden sollten, wenn wir gestresst sind: z. B. voreilige Schuldzuweisungen, Rückzug ohne Erklärung ...
7. Unser gemeinsamer „Reset-Button", wenn eine Situation eskaliert: z. B. ein Codewort für eine Pause, eine kurze Berührung ...

Euer persönlicher Notfall-Plan:

- Wann war das letzte Mal, dass wir mit Stress gut umgegangen sind? Was hat geholfen?
- Welche neue Strategie wollen wir in stressigen Momenten ausprobieren?
- Wie erinnern wir uns im Alltag daran, unser Notfall-Kit zu nutzen?

☞ Stress lässt sich nicht vermeiden – aber der Umgang damit kann bewusst gestaltet werden. Dieses Notfall-Kit hilft euch, als Team handlungsfähig zu bleiben und eure emotionale Verbindung auch in schwierigen Zeiten zu bewahren.

Reflexionsfrage

„Welche Strategie aus unserem Notfall-Kit wollen wir als Erstes ausprobieren?"

Unser persönlicher Leitfaden mit Konflikten umzugehen

Konflikte sind in jeder Beziehung normal, aber die Art und Weise, wie wir sie führen, kann unsere Verbindung stärken oder schwächen. Dieses Arbeitsblatt hilft euch, eure individuellen Konfliktmuster zu verstehen und gemeinsam einen gesunden Umgang mit Streitigkeiten zu entwickeln.

▶ **Anleitung:**
Nehmt euch gemeinsam Zeit, um die Fragen zu beantworten. Schreibt eure Antworten auf und entwickelt daraus eine gemeinsame Strategie.

Reflexionsfragen für euren Konfliktleitfaden:

1. Wie verhalte ich mich typischerweise in einem Konflikt? z. B. Rückzug, Angriff, Verteidigung, Suche nach Harmonie
2. Wie nehme ich wahr, wenn mein Partner/meine Partnerin gestresst oder verletzt ist?
3. Welche Worte oder Gesten helfen mir, mich sicher zu fühlen, wenn wir streiten?
4. Welche Streit-Dynamiken haben wir oft? (z. B. einer zieht sich zurück, der andere wird lauter)
5. Welche Kommunikationsstrategien helfen uns, Streitigkeiten konstruktiv zu lösen? (z. B. Ich-Botschaften, aktives Zuhören, Pausen nehmen)
6. Wie können wir uns daran erinnern, in einem Konflikt aufeinander zuzugehen, statt uns zu entfernen?
7. Was brauchen wir nach einem Streit, um uns wieder zu verbinden? (z. B. eine Umarmung, ein klärendes Gespräch, Zeit für sich)

Euer persönlicher Konflikt-Plan:

- Unser gemeinsamer Umgang mit Konflikten in einem Satz: z. B. „Wir erinnern uns daran, dass wir ein Team sind."
- Unsere wichtigsten Regeln für Streitgespräche: z. B. keine Beleidigungen, keine Vorwürfe, immer ausreden lassen
- Unsere Methode zur Konfliktlösung: z. B. sich nach einer kurzen Pause bewusst zusammensetzen und reflektieren

☞ Konflikte sind kein Zeichen einer schlechten Beziehung, sondern eine Chance für Wachstum. Indem ihr euch bewusst macht, wie ihr mit schwierigen Gesprächen umgeht, könnt ihr eure Verbindung vertiefen.

Reflexionsfrage

„Welche Veränderung in unserem Streitverhalten könnte unsere Beziehung sofort verbessern?"

Liebe im Alltag

Unser persönlicher Beziehungsvertrag

Ein Beziehungsvertrag ist eine bewusste Entscheidung, sich als Paar gegenseitig zu unterstützen, sich wertzuschätzen und gemeinsame Werte festzuhalten. Dieses Arbeitsblatt hilft euch dabei, eure Partnerschaft aktiv zu gestalten und euch regelmäßig daran zu erinnern, was euch als Team ausmacht.

▶ **Anleitung:**

Nehmt euch gemeinsam Zeit, um die Fragen zu beantworten. Haltet eure wichtigsten Werte, Wünsche und Versprechen schriftlich fest. Speichert oder druckt den Vertrag aus und überarbeitet ihn bei Bedarf regelmäßig.

Unsere Werte als Paar

- Welche Werte sind uns in unserer Beziehung besonders wichtig? (z. B. Vertrauen, Ehrlichkeit, Humor, Unterstützung ...)
- Wie wollen wir uns gegenseitig im Alltag wertschätzen? (z. B. kleine Gesten, Lob, Dankbarkeit zeigen ...)
- Wie gehen wir mit Herausforderungen um? (z. B. offene Gespräche führen, Streitpausen einlegen, gemeinsame Lösungen suchen ...)

Unsere gemeinsamen Ziele und Wünsche

- Was möchten wir gemeinsam in der Zukunft erleben oder erreichen? (z. B. mehr gemeinsame Zeit, ein bestimmtes Reiseziel, ein gemeinsames Projekt ...)

- Wie stellen wir uns unser Zusammenleben in den nächsten Jahren vor? (z. B. Rollenverteilung, berufliche und familiäre Entwicklung ...)
- Wie möchten wir unsere Liebe langfristig lebendig halten? (z. B. regelmäßige Date-Nights, bewusste Rituale)

Unsere Vereinbarungen für eine starke Partnerschaft

- Was verspreche ich meinem Partner/meiner Partnerin für unsere Beziehung? (z. B. mehr Zuhören, meine Gefühle klarer ausdrücken ...)
- Welche Vereinbarung treffen wir, um Konflikte respektvoll zu lösen? (z. B. keine Vorwürfe, erst ausreden lassen ...)
- Wie erinnern wir uns im Alltag daran, unsere Beziehung bewusst zu pflegen? (z. B. wöchentliche Check-ins, liebevolle Nachrichten senden ...)

☞ Dieser Beziehungsvertrag ist eine gemeinsame Entscheidung, eure Partnerschaft bewusst zu gestalten. Indem ihr eure Wünsche, Werte und Vereinbarungen regelmäßig reflektiert, schafft ihr eine stabile und liebevolle Basis für eure Zukunft.

Reflexionsfrage

„Was ist der wichtigste Punkt in unserem Beziehungsvertrag, den wir ab heute bewusst leben wollen?“

Unsere individuelle und gemeinsame Selbstfürsorge-Strategie

Selbstfürsorge ist essenziell für eine stabile und erfüllte Partnerschaft. Oft geraten eigene Bedürfnisse im Alltag in den Hintergrund, doch nur wenn beide Partner gut für sich selbst sorgen, kann die Beziehung langfristig ausgeglichen bleiben. Dieses Arbeitsblatt hilft euch, eure individuellen und gemeinsamen Selbstfürsorge-Strategien zu reflektieren und gezielt in den Alltag zu integrieren.

▶ **Anleitung:**
Füllt das Arbeitsblatt zuerst individuell aus und besprecht anschließend eure Antworten. Entwickelt eine gemeinsame Strategie für mehr Achtsamkeit und Wohlbefinden.

Individuelle Selbstfürsorge

- Was tut mir gut und gibt mir Energie? (z. B. Sport, Lesen, Meditation, Musik hören)
- Welche Situationen lösen bei mir Stress aus? (z. B. Zeitdruck, Konflikte, Überforderung)
- Wie kann ich in stressigen Momenten für mich selbst sorgen? (z. B. bewusst atmen, kurze Pausen nehmen)
- Welche kleinen Routinen kann ich in meinen Alltag einbauen, um mich ausgeglichener zu fühlen?

Gemeinsame Selbstfürsorge

- Wie können wir als Paar bewusste Erholungszeiten schaffen? (z. B. gemeinsame Spaziergänge, entspannte Abende ohne Ablenkung)

- Welche gemeinsamen Aktivitäten stärken unser Wohlbefinden? (z. B. Sport, Reisen, gemeinsames Kochen)
- Wie gehen wir miteinander um, wenn einer von uns gestresst oder überfordert ist?
- Welche Rituale können wir als Paar etablieren, um uns gegenseitig zu unterstützen? (z. B. regelmäßige Gespräche, kleine Aufmerksamkeiten)

Unser persönlicher Selbstfürsorge-Plan:

- Eine kleine, aber wirkungsvolle Selbstfürsorge-Aktion, die ich täglich umsetzen möchte:
- Eine gemeinsame Selbstfürsorge-Gewohnheit, die wir regelmäßig einplanen möchten:
- Wie erinnern wir uns im Alltag daran, auf unsere Selbstfürsorge zu achten?

Selbstfürsorge ist keine Egozentrik, sondern eine Notwendigkeit für eine gesunde Partnerschaft. Indem ihr bewusster mit euren eigenen Bedürfnissen umgeht und gemeinsam Strategien entwickelt, stärkt ihr nicht nur eure individuelle Zufriedenheit, sondern auch eure Verbindung als Paar.

Reflexionsfrage

„Welche konkrete Selbstfürsorge-Maßnahme setzen wir ab heute um?"

LITERATURVERZEICHNIS UND WISSENSCHAFTLICHE QUELLEN

Dieses Literaturverzeichnis bietet wissenschaftlich fundierte Grundlagen für das Buch und dient als weiterführende Quelle für Leser/-innen, die sich noch intensiver mit Bindungstheorie, EFCT, EFIT und EFFT auseinandersetzen möchten.

Ainsworth, M. D. S. (1978). Patterns of Attachment: A Psychological Study of the Strange Situation. Erlbaum.

Bowlby, J. (1988). A Secure Base: Parent-Child Attachment and Healthy Human Development. Basic Books.

Cassidy, J., & Shaver, P. R. (Eds.). (2016). Handbook of Attachment: Theory, Research, and Clinical Applications (3rd ed.). Guilford Press.

Cowan, P. A., & Cowan, C. P. (2012). When Partners Become Parents: The Big Life Change for Couples. Routledge.

Dewitte, M. (2016). „On the Role of Attachment and Sexuality in Close Relationships: A Review and Integration." Psychophysiology, 53(10), 1307–1330.

Doss, B. D., Rhoades, G. K., Stanley, S. M., & Markman, H. J. (2009). „The Effect of the Transition to Parenthood on Relationship Quality: An 8-Year Prospective Study." Journal of Personality and Social Psychology, 96(3), 601–619.

Feldman, R. (2017). „The Neurobiology of Human Attachments." Trends in Cognitive Sciences, 21(2), 80–99.

Fiese, B. H., & Tomcho, T. J. (2001). „Family Routines and Rituals: A Context for Development in the Lives of Young Children." Infant and Child Development, 10(3), 121–132.

Fiese, B. H., Tomcho, T. J., Douglas, M., Josephs, K., Poltrock, S., & Baker, T. (2002). „A Review of 50 Years of Research on Naturally Occurring Family Routines and Rituals: Cause for Celebration?" Journal of Family Psychology, 16(4), 381–390.

Gottman, J. M. (2014). What Makes Love Last? How to Build Trust and Avoid Betrayal. Simon & Schuster.

Gottman, J. M., & Silver, N. (2015). The Seven Principles for Making Marriage Work: A Practical Guide from the Country's Foremost Relationship Expert. Harmony Books.

Johnson, S. M. (2019). Attachment Theory in Practice: Emotionally Focused Therapy (EFT) with Individuals, Couples, and Families. Guilford Press.

LeMasters, E. E. (2015). „Parenthood as Crisis: A Re-evaluation." Marriage & Family Review, 51(7), 659–670.

Main, M., & Hesse, E. (1990). „Parents' Unresolved Traumatic Experiences are Related to Infant Disorganized Attachment Status: Is Frightened and/or Frightening Parental Behavior the Linking Mechanism?" Attachment in the Preschool Years: Theory, Research, and Intervention, 161–182.

Main, M., Kaplan, N., & Cassidy, J. (1985). „Security in Infancy, Childhood, and Adulthood: A Move to the Level of Representation." Monographs of the Society for Research in Child Development, 50(1–2), 66–104.

Mikulincer, M., & Shaver, P. R. (2016). Attachment in Adulthood: Structure, Dynamics, and Change (2nd ed.). Guilford Press.
Neff, K. D. (2011). Self-Compassion: The Proven Power of Being Kind to Yourself. HarperCollins.
Porges, S. W. (2011). The Polyvagal Theory: Neurophysiological Foundations of Emotions, Attachment, Communication, and Self-Regulation. W.W. Norton.
Reis, H. T., & Shaver, P. (1988). „Intimacy as an Interpersonal Process." Handbook of Personal Relationships: Theory, Research, and Interventions, 367–389.
Schore, A. N. (2003). Affect Dysregulation and Disorders of the Self. W.W. Norton.
Siegel, D. J. (2012). The Developing Mind: How Relationships and the Brain Interact to Shape Who We Are (2nd ed.). Guilford Press.
Siegel, D. J. (2020). The Power of Showing Up: How Parental Presence Shapes Who Our Kids Become and How Their Brains Get Wired. Ballantine Books.
Siegel, D. J., & Bryson, T. P. (2018). The Yes Brain: How to Cultivate Courage, Curiosity, and Resilience in Your Child.Bantam.
Siegel, D. J., & Hartzell, M. (2003). Parenting from the Inside Out: How a Deeper Self-Understanding Can Help You Raise Children Who Thrive. TarcherPerigee.
Slade, A. (2005). „Parental Reflective Functioning: An Introduction." Attachment & Human Development, 7(3), 269–281.
Stanley, S. M., Rhoades, G. K., & Markman, H. J. (2017). „Sliding vs. Deciding: Inertia and the Premarital Cohabitation Effect." Family Relations, 66(4), 550–564.
Winnicott, D. W. (1953). „Transitional Objects and Transitional Phenomena." International Journal of Psychoanalysis, 34, 89–97.

Artikel & Studien

Franklin, T. B., Russig, H., Weiss, I. C., Gräff, J., Linder, N., Michalon, A., ... & Mansuy, I. M. (2010). Epigenetic transmission of the impact of early stress across generations. Biological Psychiatry, 68(5), 408-415.
Mikulincer, M., & Shaver, P. R. (2007). Attachment in Adulthood: Structure, Dynamics, and Change. Guilford Press.
Van IJzendoorn, M. H., & Bakermans-Kranenburg, M. J. (2019). Bridging the Transmission Gap: The Enduring Importance of Early Parenting. Developmental Psychopathlogy, 31(5), 1-14.
Franklin, T. B., Russig, H., Weiss, I. C., Gräff, J., Linder, N., Michalon, A., & Mansuy, I. M. (2010). „Epigenetic Transmission of the Impact of Early Stress Across Generations." Biological Psychiatry, 68(5), 408–415.
Van IJzendoorn, M. H., & Bakermans-Kranenburg, M. J. (2019). „Bridging the Transmission Gap: The Enduring Importance of Early Parenting." Developmental Psychopathology, 31(5), 1–14.
Mikulincer, M., & Shaver, P. R. (2016). Attachment in Adulthood: Structure, Dynamics, and Change (2nd ed.). Guilford Press.

Nicole Katzenschlager
Deine Grenzen - Deine Bedürfnisse:

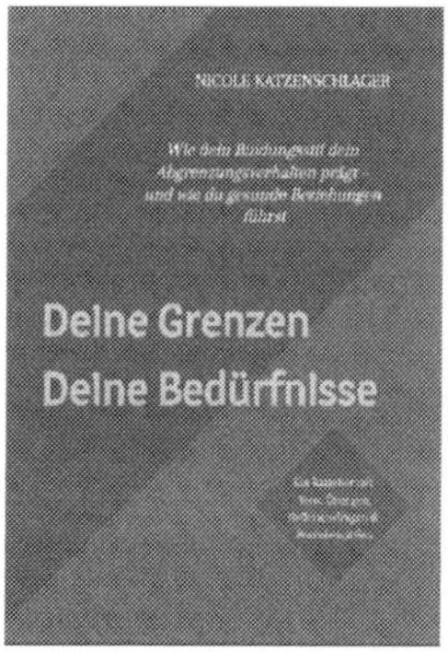

Dieses Buch ist mehr als eine Anleitung zum Grenzen setzen - es ist ein wissenschaftlich fundierter praxisnaher Wegweiser zu emotionaler Freiheit und stabilen Beziehungen.

Leser sollten dieses Buch kaufen. weil es ihnen hilft ihr Abgrenzungsverhalten wirklich zu verstehen. Basierend auf den neuesten Erkenntnissen aus Bindungstheorie, Neurobiologie und Emotions psychologie zeigt es weshalb Grenzen setzen oder Nähe zulassen oft so schwerfällt.

- Praktische Techniken direkt umzusetzen
- Reflexionsfragen, Selbsttests, Journaling-Übungen und Notfallstrategien bieten sofort anwendbare Lösungen für den Allag.
- Ohne Schuldgefühle oder Angst Nein zu sagen - Dieses Buch zeigt detailliert, wie Grenzen klar gesetzt, kommuniziert und verteidigt werden.
- Sich selbst treu zu bleiben, ohne Beziehungen zu verlieren - Es geht nicht um Mauern, sondern um die richtige Balance zwischen Nähe, Selbstachtung und Selbstwirksamkeit.

ISBN - Softcover - 978-3-384-54259-5
ISBN - e-Book - 978-3-384-54260-1

Nicole Katzenschlager

Was dir als Kind gefehlt hat, suchst du heute noch

Warum fällt es uns schwer, uns sicher zu fühlen – in uns selbst und in unseren Beziehungen?

Dieses Buch nimmt dich mit auf eine Reise zu den Wurzeln deines emotionalen Erlebens und zeigt Wege auf, wie du deine Reaktionsmuster verstehen und neu ausrichten kannst.

Basierend auf Erkenntnissen aus der Bindungstheorie, Emotionsforschung, Beziehungspsychologie und Neurobiologie verbindet es fundiertes Wissen mit achtsam angeleiteten Übungen, die dich dabei unterstützen, mehr innere Sicherheit zu entwickeln.

Die vier Bindungsstile – sicher, ängstlich, vermeidend und desorganisiert – helfen dir dabei, deine eigenen Beziehungsmuster zu erkennen, unbewusste Schutzstrategien zu verstehen und neue Wege für echte, stabile Verbindung zu entwickeln.

Wenn du spürst, dass dich eine tiefe Sehnsucht nach Ankommen, Angenommensein und innerer Sicherheit begleitet, dann ist dieses Buch ein einfühlsamer Begleiter auf deinem Weg zu mehr Selbstannahme, emotionaler Stabilität und innerer Verbundenheit.

ISBN - Softcover - 978-3-384-54261-8
ISBN - e-Book - 978-3-384-54262-5

Über die Autorin:

Nicole Katzenschlager ist diplomierte psychologische Beraterin mit Schwerpunkt auf Bindungstrauma, dysfunktionale Emotionen und Beziehungsdynamiken. Seit 2006 begleitet sie Einzelpersonen, Paare und Familien auf ihrem Weg zu mehr emotionaler Sicherheit und Selbstregulation.

Ihr wissenschaftlich fundierter Ansatz basiert auf Methoden wie Emotionsfokussierte Beratung für Paare (EFCT), Einzelpersonen (EFIT) und Familien (EFFT). Zudem arbeitet sie mit EMDR und Brainspotting, um emotionale Blockaden und stressbedingte Reaktionsmuster zu lösen. Durch ihr tiefgehendes Wissen über Neurobiologie, Hirnentwicklung und das Nervensystem unterstützt sie Menschen dabei, ihre Prägungen zu verstehen und bewusst mit ihren Emotionen umzugehen. Ihre Fähigkeit, Körpersprache und Mikroexpressionen zu lesen, sowie ihre ausgeprägte Empathiefähigkeit ermöglichen ihr, emotionale Prozesse feinfühlig zu erfassen und individuell darauf einzugehen.

Geboren in Wien, lebt sie seit zwei Jahren auf Mauritius, wo sich ihr aktueller Lebensmittelpunkt befindet. In ihrer Online-Praxis betreut sie Klienten weltweit auf Deutsch und Englisch. Neben ihrer beratenden Tätigkeit ist sie Autorin und gibt ihr Wissen in Büchern weiter, um Menschen einen tiefen Einblick in ihre Bindungsmuster und emotionalen Prozesse zu ermöglichen. Ihr Ziel ist es, Wege aufzuzeigen, wie gesunde, sichere und authentische Beziehungen entstehen können – sei es zu sich selbst, zum Partner oder zur Familie.

MIX
Papier | Fördert
gute Waldnutzung
FSC® C083411

Zeitfracht Medien GmbH
Ferdinand-Jühlke-Straße 7
99095 Erfurt, Deutschland
produktsicherheit@kolibri360.de